AF469557

EN RÊVANT A P.-J. TOULET
SUR QUELQUES-UNES DE SES LETTRES
OU
LE TEMPS DE NAGUÈRE
ET M. DECALANDRE

Il a été tiré de cet ouvrage :

15 exemplaires sur vieux Japon à la forme.
35 exemplaires sur Madagascar-Lafuma.
100 exemplaires sur papier de Rives.
750 exemplaires sur Alfa bouffant.

N° LXIX

TRISTAN DERÈME

—

EN RÊVANT
A P.-J. TOULET

LE DIVAN

37, Rue Bonaparte, 37

—

MCMXXVII

A Henri MARTINEAU.

Il faut, mon cher ami, que je te demande d'accepter la dédicace de ce livre. Est-ce un livre ? Je ne sais. C'est, si tu le veux, une manière de caprice, d'arabesque, de guirlande.

Dès qu'on rêve à un poète, on en évoque un autre, et puis un autre ; et il se faut faire quelque violence pour les empêcher de se réunir tous autour de l'encrier.

Pensant à commémorer Toulet, pouvais-je aussi ne point penser à d'autres commémorations ? C'est ainsi que tu verras, dans ces pages, Molière, d'accord avec les médecins ; Vigny, chantant la valse et « son sphérique empire » ; Raoul Ponchon à cheval sur un bouc ; Léon Vérane, menant la danse des Muses au bord des Méditerranées; Charles Derennes, allongeant un sonnet et corrigeant une épigramme; que sais-je encore? et tu y verras, enfin, Toulet.

Tu as été son ami et tu es le mien, et depuis longtemps. C'est pour cela que je t'offre ces pages. Mais n'allons-nous pas nous attendrir? Ce n'est point encore l'heure; et pour que s'envole cette mélancolie, qui sur nous se poserait si nous songions aux années de naguère et de jadis, je te veux, tout de suite, chanter la chanson de ta barbe.

Te rappelles-tu ces compagnons de Tarbes qui, à considérer cette sombre toison dont s'ornait ton visage, te prenaient, en ton beau voyage aux Pyrénées, pour M. Taine, et ce menton, pareil à quelque astre éclatant, que tu nous découvris ensuite aux rives de la Seine? Cette barbe abolie ne méritait-elle pas une manière de chant funèbre? Je chanterai donc :

> Bacchus, c'est en vain que tu bois ;
> Tes ivresses sont mensongères ;

Pleurez, pleurez, Nymphes des bois,
Pleurez, charmantes bocagères,
Et ne pensez plus au plaisir :
Mardi, la semaine dernière,
On a vu couper du vizir
La chevelure mentonnière.

Ciel ! aux approches de l'hiver,
L'ébène tombe sous le fer.

Le bouc, quand il court au cytise,
N'agitait si noir ornement ;
Paris, Coulonges-sur-l'Autize
S'affligent de l'événement.
Et que diront les gens de Tarbe ?
Mais j'entends leur voix dans le vent :
— « Si Martineau coupe sa barbe,
C'est pour rembourrer *le Divan !*... »

*Et, maintenant, viens avec moi ;
M. Théodore Decalandre nous attend
en son ermitage.*

T. D.

EN RÊVANT A P.-J. TOULET

Comme je poussais la porte, je découvris, dans son grand fauteuil, M. Théodore Decalandre. Il tenait sur les genoux un livre ouvert.

— C'est *Mon Amie Nane,* dit-il, et c'est l'un des ouvrages de P.-J. Toulet que je préfère ; et voyez, j'ai fait relier, entre les pages de ce roman, toutes les lettres de Toulet, — celles du moins qui me restent ; car, les autres, elles sont en des tiroirs obscurs, en des liasses de papiers que je ne feuilletterai jamais plus, sans doute. Elles sont quasi égarées. N'avons-nous pas tous ainsi des trésors cachés et comme perdus au fond de vieilles armoires : lettres d'amis, lettres d'amour et boucles de cheveux ? Mais il faudrait une semaine pour mettre quelque ordre dans ce poudreux et charmant tohu-bohu ; — et pour quoi faire ?...

On retrouverait, nous retrouverions tous
ainsi des papiers fanés, des rubans, des
voilettes. « A qui pouvait être ce gant?
murmurerions-nous, et je me rappelle
que le jour qu'on m'en fit don je pensai
n'oublier jamais la main qui me l'abandonnait... » Souvenir, souvenir... Mais
on l'a déjà dit. On a déjà dit ce mot; on
l'a déjà répété et l'on a même ajouté :
«... *que me veux-tu. L'automne...* »

Et je donnais, ce matin, ici, tout seul,
une petite fête en l'honneur de P.-J.
Toulet. C'est ainsi qu'à l'accoutumée,
je commémore mes amis, mes amis d'autrefois, ceux que je ne rencontre plus
aux chemins de cet univers où les autobus font plus de bruit que les lyres. Il
y a Toulet ; il y a Jean-Marc Bernard ;
il y a Jean Pellerin ; il y a Emile Despax...
Je ne suis pas très gai et je vous remer-
cie d'être venu me voir.

Au demeurant, je suis fourbu, et vous
imaginez mal ce que peut être le métier
d'un poète à Paris.

— Les joueurs de lyre passent pour

n'être point accablés de besogne. On le
dit, du moins, sous les ormes de la
province.

— Dieu vous entende, mon bon ami,
ou Dieu, s'il veut, entende ceux qui le
disent et dont vous nous rapportez les
propos que j'ai quelque raison de connaître déjà. Oui, je sais, on nous tient
volontiers pour d'aimables paresseux !
Mais pourquoi tenterions-nous de dissou-
dre cette légende ? Laissons croire, sans
nous mettre plus en peine, que le lieu-
tenant de gendarmerie de Mauléon, le
fabricant de sandales de Bayonne et le
juge suppléant de Saint-Palais sont plus
occupés, comme on parle, que ne
l'étaient Baudelaire, Théophile ou leurs
disciples. Il convient de laisser au monde
quelque illusion et qu'il pense que les
poètes chantent comme peupliers à tous
les vents qui passent et sans plus de
peine. Révérence parler, on nous tient
pour des phonographes : sur le disque
de la vie, nous appuyons le cornet de
l'art poétique, et il n'est que d'avoir

tourné la manivelle... C'est un peu plus
compliqué.

— Et votre soirée d'hier?

— Eh ! c'est bien elle dont je me
trouve fourbu, comme je vous le disais
tout à l'heure. Tandis que, ce matin, je
pensais revivre une heure avec Toulet,
je devais hier faire parler Molière devant
quelques centaines de personnes et pour
deux fois plus d'oreilles délicates.
Molière... C'est mon éminent ami
M. Lucien Corpechot qui avait entrepris
de me faire monter à ce mât fort bien
savonné. A quel propos, je vous le
demande? C'était un spectacle au bénéfice de la Faculté de Médecine. Faire
revivre Molière — si l'on ose y songer —
devant des médecins et pour des médecins... C'était une casse-col! Mais je vous
avoue que, dès l'abord, et malgré ma
barbe blanche, qui me devrait inciter à
quelque sagesse, l'obstacle me ravit. Je
n'eus plus que la pensée de le franchir
et non pas de passer à côté.

Si bien qu'hier, et que n'étiez-vous

près de moi pour me donner quelque
courage, en cet hôtel du faubourg Saint-
Honoré, Molière entrait en scène —
c'était M. de Féraudy — et répandait
devant tous nos fils spirituels de Galien
et d'Ambroise Paré, ces paroles que
je vous demande d'ouïr avec indul-
gence :

Ah ! de grâce, que me veut-on,
En ces lieux où l'on voit régner la médecine ?
Ne cachez-vous quelque bâton ?
Est-ce Molière ici, ce soir, qu'on assassine ?
L'allez-vous étouffer sous le poids des coussins
Et contemplerez-vous sa mort avec délice ?
Pour ce qu'il a jadis raillé les médecins,
Le va-t-on conduire au supplice ?
Pour Molière, Messieurs, ne soyez pas cruels
Et n'aiguisez point vos lancettes...
Je sais les hommes que vous êtes,
Paternels, patients, doctes et ponctuels.
Ne songez pas à glisser dans mes veines
Pour me punir le fer ni le poison ;
Vous qui chérissez la raison,
Vous savez que colère et rancune sont vaines.
Poursuivrez-vous un vieil auteur ?
Non ! *Poursuivant votre carrière,*
Versez des torrents de lumière
Sur ce fameux blasphémateur.
Comment ?... N'entends-je pas crier au plagiaire ?
Justes cieux ! ai-je l'air de quelque bouquetière

(Puisque la bouquetière en son petit panier,
        Offre l'œuvre du jardinier ?)
Est-ce encore une cause à vous mettre en colère ?
Vos tonnerres, Messieurs, n'ont-ils assez tonné ?
Voulez-vous m'embarquer dans une autre galère,
Alors que Bergerac lui-même a pardonné ?...

— J'ai compris, cria Mme Baramel, qui venait d'entrer, accompagnée de M. Philippe Lalouette. Mais poursuivez de grâce... Lui-même a pardonné...

Si nous nous transportons à dix vers en arrière,
Au point où je chantais, faisant l'imitateur :
        « Versez des torrents de lumière
        Sur ce fameux blasphémateur »,
        Ne suis-je pas fort à mon aise
Et ne dirai-je pas que mon texte est tout neuf,
Si je suis mort en seize-cent-soixante-treize,
Et si Lefranc de Pompignan, ne vous déplaise,
        N'a vu l'azur que l'an dix-sept-cent-neuf !
        Messieurs, chassons les impostures ;
Elles ne sauraient vivre au cœur des médecins,
Et ne m'accusez plus d'avoir fait des larcins
        Aux hommes des races futures !
Ou bien, dites qu'Homère a pillé Chapelain,
        Que Corneille a pillé Voltaire,
Que Virgile... On pourrait ainsi, jusqu'à demain,
        Poursuivre, et mieux est de se taire,
        Et de couper la fin de ce discours
        D'où la sagesse se retire :
        Sur telles affaires toujours
        Le meilleur est de ne rien dire.

A dire vrai, là-bas, sous l'ombrage éternel,
Parmi les vers luisants des tièdes asphodèles,
   Le soir, allumant nos chandelles,
Nous causons doucement, sans rancune et sans fiel.
Esculape sourit en lisant mon théâtre ;
   Nous ne songeons guère à nous battre ;
Et quelques médecins que j'ai fort mal traités,
De mes vers aujourd'hui se montrent enchantés.
   Oui, là-bas, l'atmosphère est telle ;
   Un air doux y calme les cœurs ;
   Il n'est ni vaincus ni vainqueurs,
   Et ces Messieurs, s'ils font les harangueurs
Jugent que j'ai surtout raillé leur clientèle.

   — « Monsieur, me disait ce matin
   Diafoirus, il est certain
   Que cet Argan fut un pauvre homme...
Combien de grains de sel faut-il mettre en un œuf ?
Demandait-il. Pour la rime, j'eusse dit neuf ;
Mais de la rime, en prose, on doit être économe,
Et le *Malade Imaginaire* n'est en vers...
Je répondis : — Six, huit, dix, par les nombres pairs...
   Honnêtement, que pouvais-je répondre,
   Si je voulais montrer quelque pitié
   A cet Argan, plus naïf qu'à moitié,
   Dont la sottise avait de quoi confondre ?... »
   — « Vous avez fait rire Paris
   Jusqu'au point qu'il rompît sa rate,
   Me disait un autre Hippocrate,
   Mais de vos traits je sais le juste prix ;
Et si certains de nous se mirent en colère,
Au temps que les berçait la terrestre galère,
   En leur fureur c'est qu'ils s'étaient mépris.
Leurs mots grecs et latins dont riait le parterre,
Avaient-ils donc pensé qu'ils guérissaient les maux ?

Non certes ! Mais ces mots évoquent un mystère,
Une force étonnante, un pouvoir salutaire...
Le malade va mieux dès qu'il entend ces mots.
Il songe : « Mon docteur est un très savant homme,
Et je prends confiance à son docte examen ;
Débordant du savoir de la Grèce et de Rome,
On le verra guérir mon moderne abdomen. »
Dire *vivat*, est-ce méthode meurtrière
           Et le propos d'un assassin ?
Enfin, de qui rit-on, mon cher Monsieur Molière,
Du malade candide ou bien du médecin ? »

Ainsi nous conversons par les Champs Elysées ;
Pelouses n'y sont point de larmes arrosées ;
On n'y dispute plus, tout le monde est d'accord,
Et les vivants sur nous pourraient prendre modèle.
Mais, même en cette paix, ma mémoire fidèle,
Trop fidèle, s'éveille et me rappelle encor
Comme se vit un soir ma verve refroidie.
           Hola ! messieurs les médecins,
Encor que mon esprit n'ait pas d'affreux desseins,
           Suis-je pas mort de maladie ?...
Vous me direz qu'en vain l'on eût pu me guérir,
Qu'un malade sauvé, quoi qu'on fasse ou qu'on die,
Doit bien, quelque autre jour, se résoudre à mourir...
Pardonnez-moi... Je suis heureux dans les cieux calmes
Où tous les braves cœurs se retrouvent amis,
Où les discords, sans opium, sont endormis,
Où l'on n'échange plus qu'aménités et palmes.
Nous sommes bien, là-bas, loin du vacarme affreux ;
Les tourments sont finis, les peines disparues,
           Loin de vos toits et de vos rues
Que de lourds autobus se disputent entre eux !
           Ah ! messieurs, pourquoi le malade
           Tremble-t-il d'aller au tombeau ?

Quoi de plus doux que de partir en promenade,
Des mains d'un bon docteur pour un séjour si beau ?

J'ai terminé. Je vais reprendre le nuage
Dont le soleil couchant fait un fiacre doré,
Nuage qui m'attend pour finir mon voyage
          Dans le faubourg Saint-Honoré.
        Adieu, Messieurs ; Mesdames, mes hommages...
Je regagne la paix des célestes ombrages
Où rient Diafoirus et le vieux Galien.
De mon petit discours penserez-vous du bien ?
Je parlais autrement lorsque j'étais en vie.
Quand on est mort, parfois l'on manque de génie...

— Ce que j'aime le mieux, déclara Mme Baramel, c'est le dernier vers.

— C'est un compliment cruel et que j'ai bien mérité, répondit M. Decalandre.

— Mais quoi ! fis-je, est-ce pour ces seuls vers qu'on vous trouve fourbu ?

— Ah ! mon bon ami, quelle soirée ! S'il n'y avait eu que ce faux Molière ! Quand j'eus pêché dans mon encrier cette manière de harangue, je pensais mon rôle achevé. Point du tout ! M. Lucien Corpechot, qui est le diable...

— Le diable le plus aimable que l'on connaisse.

— ...décida que Molière dirait ces vers dans le salon de Mme de Rambouillet et qu'on verrait, aux accords des luths, des théorbes et des trompettes marines et dans les plus beaux fauteuils du monde et parmi les danses, Mesdames Marie Leconte, Segond-Weber, Madeleine Roch, Bretty, Barjac, Mary Bell, Marcelle Servière, Chasles, Mérouze, Sauvegarde, d'autres aussi, et MM. Brunot, Drain, Smirnoff..., la Comédie Française, l'Opéra Comique, que sais-je encore !

J'étais d'abord ravi d'assister à si charmant spectacle, mais on eut tôt fait de m'expliquer qu'entre les danses et les chants, il convenait que la marquise et ses invités eussent la liberté d'échanger quelques mots et que des dames de qualité ne pouvaient, en si beau décor, s'exprimer autrement que par le moyen des vers. Je fis : Ah !... un *ah !* tout gonflé d'angoisse, et je revins à mon encrier.

Il fallait d'abord expliquer que ce salon

avait franchi les années pour refleurir devant nous. D'où ce dialogue :

> — N'est-ce pas un miracle et n'a-t-on point construit
>   Pour nous quelque neuve machine ?
>   Les prodiges naissent la nuit
>   Et plus souvent qu'on n'imagine.
> — Mesdames, reprenons nos esprits hésitants.
> — Le salon d'Arthénice a traversé le temps.
> — De siècle en siècle, il vogue ; et voici qu'il se pose
>   Dans le faubourg Saint-Honoré.
> — Quel voyage ! Ma joue en est encor plus rose.

— Quel vers charmant ! s'écria Mme Baramel.

— Oui, c'est le plus mauvais, fit M. Decalandre, qui poursuivit :

> — Et nous tombons ici de l'empire azuré.
> — Ah ! nous ne tombons pas !... Ou comme la lumière
> Dont les astres ont l'obligeance coutumière
> De nous faire par an plus de trois cents envois...

et j'ajouterai même trois-cent-soixante-six envois, quand l'année est bissextile. Bref, de propos en propos et de fil en aiguille, on en vient à annoncer une scène du *Mariage forcé* et, ensuite, un fragment des *Précieuses ridicules*. Cela, c'était le plus difficile : car, enfin, amener la satire des précieuses dans le salon d'Arthénice...

— Comment avez-vous fait ?

— Dès le *Mariage forcé*, ces dames commentent notre auteur. Mais Molière, s'écrie l'une d'elles :

Mais Molière n'a-t-il cinglé de railleries
Le badinage exquis de nos galanteries ?
— Ne s'est-il pas moqué de nos mots élégants ?
         De nos propos choisis et rares ?
— C'est un cruel !
                 — C'est le barbare des barbares !
   Je le veux étouffer de mes plus jolis gants !

— ...De mes plus jolis gants ! On pâme ! et comme on voit que vous connaissez bien les femmes.

M. Decalandre, fort discrètement, haussa les épaules. Son grand âge lui permettait ce geste familier. Au demeurant, Mme Baramel n'y vit qu'une manière de révérence.

— Bref, reprit-il, à ce beau ramage et à ces menaces d'assassinat, la marquise de Rambouillet se lève et, regardant la charmante étouffeuse :

— Quelle fureur, Madame, et l'on le verrait rire
Si de pareils transports étaient ouïs de lui ;

> Vous allez entendre aujourd'hui,
> Et sur le champ, ce qu'il lui plut d'écrire,
> Et vous allez voir de vos yeux
> Précieuses et précieux,
> Mais précieux devant qui l'on recule
> Lorsque l'on est pourvu d'une once de raison.
> Votre aimable fureur n'est point de la saison
> S'il ne s'est diverti que de ce ridicule
> Qu'on trouve en ceux-là seuls qui tentent sottement
> D'imiter nos façons, notre esprit et nos phrases.
> Ce sont mauvais coteaux au pied de nos Caucases ;
> Vous l'allez voir sur le moment.

— Si je vous entends bien, dit M. Lalouette, Molière fut l'avocat des médecins, et les galanteries de l'hôtel de Rambouillet ne connurent pas de chevalier plus ardent que l'auteur des *Précieuses...* Le tribunal appréciera, comme on dit au prétoire.

— La cause est déjà entendue, fit M. Decalandre, en riant. Pourtant au point où j'en étais venu, je pensais pouvoir enfin remettre mon Pégase à l'écurie. Mais vous savez ce qu'est une pièce à tiroirs et pour chaque comédienne qui devait entrer en scène ou, plutôt, en ce salon, il fallut faire un raccord.

J'ai dû encore improviser des vers et, faute de papier, les écrire sur mes manchettes, pendant que Mlle Marie Leconte réglait l'ordre et les détours du spectacle, et je ne vous dirai point tous les distiques que j'ai téléphonés entre la générale et l'unique.

— L'unique?

— Oui, je n'ose dire la première, puisque l'on ne devait qu'une fois présenter notre monstre au public, un monstre qui, à chaque minute, devenait plus long. Voulez-vous un exemple? Il fallait introduire Mme Pareto, cantatrice que vous admirez, mais qui, par ses vêtements et sa musique, amenait avec elle le XVIIIe siècle. Le XVIIIe dans le salon de Mme de Rambouillet!... Comment faire? Mais on entendit Mlle Madeleine Roch qui disait:

> Le temps à voler continue,
> Emportant les saisons aux plis de son manteau...

— On dirait de l'Armand Silvestre.

> — Quelle est cette beauté qui descend de la nue?
> N'est-ce Madame Pareto?
> Quelle soit donc la bien venue

Et puisque, parmi nous, on la voit s'arrêter,
    Nous l'allons prier de chanter...

—N'y avait-il pas aussi, dit M. Lalouette, dans un de ces tiroirs, un songe, un songe de tragédie ? On m'a dit...

— Il est bien vrai. C'est une histoire singulière. On m'informa que M. Brunot, qui jouait au *Mariage forcé* et aux *Précieuses*, devait changer de costume entre les deux scènes qu'on avait choisies. Il lui fallait se déshabiller et s'habiller, et pour qu'on lui en donnât le temps, comment pouvais-je ne point improviser, pour Mlle Roch, un songe prophétique ? Prophétie aisée, puisque, marquise de Rambouillet, elle annonçait les événements qui se déroulaient au même moment qu'on la voyait sur le trépied — et c'était hier, 4 décembre 1925. — Elle disait donc, et non sans ironie :

Molière est un miracle : il enchante la ville,
    Il enchante la Cour ;
Il sait charmer l'esprit le plus habile
Et l'homme du commun l'applaudit à son tour.
    N'est-il pareil à la lumière
Qui réjouit le cygne aussi bien que Léda,

Qui dore le palais ainsi que la chaumière.
Le baobab comme le réséda ?...

Et, après cette allusion à la flore de
Tartarin, elle poursuivait :

Je ne sais quel démon m'inspire ;
Du futur à mes yeux le voile se déchire :
De saison en saison Molière grandira,
Et, devant vous, je pense pouvoir dire
Que mil-neuf-cent-vingt-cinq encor l'applaudira...
En décembre... le quatre... — Il convient qu'on précise,
Quand on perce le temps et que l'on prophétise.

Ah ! je suis accablée après un tel transport.
Mesdames, regagnons le port.
Revenons du futur, Amérique incertaine ;
C'est trop loin de notre maison,
Et retournons aux bords de la raison
Sur les vaisseaux de La Fontaine.

C'est alors que Mme Segond-Weber
venait dire les *Deux Pigeons*. Mais tandis
que se déroulait cette prophétie, comme
j'étais dans la salle, mon voisin, que je
ne connaissais pas et qui m'ignorait également, me dit ces paroles ailées :

— De qui se moque-t-on ? Je ne trouve
pas extrêmement difficile de mettre à la
scène une marquise du XVIIe, pour qu'elle

vienne prophétiser à nos oreilles ce qui précisément se passe sous nos yeux.

Je suis un méconnu, ajouta M. Decalandre, mais il riait dans sa barbe.

— C'est qu'il ne se faut point mêler, sans doute, conclut M. Lalouette, d'annoncer les choses futures, ni même d'imiter, fût-ce par jeu, les gestes et les discours de ceux qui font profession de prophétiser. Car l'avenir...

— L'avenir ! dit M. Decalandre.

Cependant nous nous étions mis à table, car c'est le plaisir de M. Decalandre de retenir ses amis à l'impourvu autour de son festin ; et comme l'on servait un melon :

O doux reptile herbu, rampant sur une couche,

murmura M. Lalouette ; mais M. Decalandre, entendant, de la sorte, un vers de Saint-Amant, voulut faire sonner encore deux rimes de ce poète. Il prit son verre, où brillait quelque sauterne, et allégua qu'il élevait le soleil,

Dans ce cristal que l'art humain
A fait pour couronner la main.

Puis : — « Si le reptile herbu n'est qu'assez peu renommé, fit-il, la vue d'un melon incite à l'ordinaire les hommes à rappeler une ligne de Bernardin de Saint-

Pierre. Mais qu'il me soit donné licence de vous rapporter ici, dans son entier, la phrase de cet optimiste écrivain, car elle est agréable en toutes ses parties . »

Il prit, sur un rayon, son exemplaire des *Etudes de la Nature* et lut : « Il n'y a pas moins de convenance dans les formes et les grosseurs des fruits. Il y en a beaucoup qui sont taillés pour la bouche de l'homme, comme les cerises et les prunes ; d'autres, pour sa main, comme les poires et les pommes ; d'autres, beaucoup plus gros, comme les melons, sont divisés par côtes, et semblent destinés à être mangés en famille ; il y en a même aux Indes, comme le jacq, et chez nous la citrouille, qu'on pourrait partager avec ses voisins. » Vous goûterez, sans doute, poursuivit-il, tant d'aimable subtilité, mais préférerez, j'imagine et comme je fais, ces vers savoureux de Mme de Noailles :

> O peuple parfumé des fruits,
> Vous que le chaud été compose
> De cieux bleus et de terre rose,

> Vous qui portez réellement
> L'aurore dans un corps charmant,
> Vous, parfums, vous, rayons, vous, fleuves
> De délices fraîches et neuves,
> Vous, sève dense, sucre mol,
> Nés des jeux de l'air et du sol...

Mais, si nous devons redescendre au melon, puisque, aussi bien c'est en ce moment lui qui nous nourrit — et Mme Baramel piquait de sa fourchette une manière de parallélépipède de chair végétale, savoureuse et dorée, — saviez-vous qu'un poète de nos temps s'était plu à nous indiquer que le melon n'est pas le seul être qui paraisse destiné à sustenter l'assemblée d'une famille ?

Et notre ami nous récita ces vers où, haranguant un zèbre, qui est rayé, Franc-Nohain s'interroge, en une malicieuse veille, sur les secrets desseins du Créateur :

> A-t-il voulu faciliter
> Ton découpage, tranche à tranche ?...

et termine par cette apostrophe, qui tient du magnifique :

> Zèbre, melon des hippophages !

Qu'aurait pensé Bernardin de Saint-Pierre, dit M. Decalandre, si, perçant les ténèbres de l'avenir, il eût pu deviner qu'on logerait en nos saisons son idée du melon sous le pelage exotique des zèbres ? Mais qui peut du futur connaître les mystères ?

> Dites-nous qui nous aimera,
> Dites-nous qui nous trahira,

chante-t-on dans *Carmen*, en remuant les cartes, tandis que d'autres personnes cherchent à deviner, aux lignes de la main, la teinte des jours qui vont éclore.

Vous m'allez dire que c'est une singulière méthode que de s'élancer d'un pseudo-songe de tragédie sur un melon pour tomber au réseau des lignes de la main. Mais, puisque je rapporte une conversation, je suis bien trop fidèle pour que je me permette d'en détourner quelque fragment :

> Dès lors ne vous fâchez point
> Ni ne me montrez le poing.
> Que fallait-il que je fisse ?
> A table ainsi l'on parla ;

Donc n'était-ce mon office
Que cela je l'écrivisse,
Que j'écrivisse cela ?
Pas de mot blasphématoire,
Ni ne montez sur l'Ossa ;
Puisque je conte une histoire,
Je dis ce qui se passa.
Zola, me tendant un lys, me
Dit : « Voilà du réalisme ! »

— Faut-il donc, dit M. Lalouette, consulter les Pythies, les chênes dodoniens, les tireuses de cartes, ces personnes aussi qui, au marc de café, savent mêler le cours des âmes et des astres, et les devineresses de la main, que l'on nomme en français : *chiromanciennes ?* Il est possible...

Mais ce dédain des nombres babyloniens et des oracles, M. Théodore Decalandre, au temps de sa jeunesse errante, l'avait bien éprouvé, quand, par le truchement d'une gazette qui, chaque matin, épanouissait ses feuilles au pied des montagnes Pyrénées, il proposait que l'on instituât une loi ainsi conçue :

« ARTICLE PREMIER. — Toutes les « personnes qui font profession de

« démêler et connaître l'avenir seront,
« obligatoirement et à leur diligence,
« inscrites sur un registre spécial ouvert
« et tenu à la mairie de la commune où
« elles résident. Il leur sera donné
« récépissé de leur déclaration.

« ART. 2. — En cas de peste, incendie,
« guerre et autres malheurs publics,
« elles seront punies des peines définies
« ci-après, si elles n'ont pas, en temps
« utile, informé les autorités compé-
« tentes des catastrophes imminentes que
« leur science et leur talent leur avaient
« évidemment permis de prévoir... »

— Ne me parlez point, dit M. Decalandre, comme je lui rappelais ce texte,
de ces personnes qui pensent que leur
avenir soit lié au sept de trèfle ou au
caprice des raies qu'elles cachent sous
leurs gants ! Je sais bien que Théophile
Gautier, rêvant aux élégances, aux
folies, aux fantaisies heureuses de la
belle Impéria, nous dit :

> On voit tout cela dans les lignes
> De cette paume, livre blanc

Où Vénus a tracé des signes
Que l'amour ne lit qu'en tremblant ;

et je sais bien, aussi que, devant la main
de Lacenaire — *du supplice encor mal
lavée* — il ne se pouvait empêcher
d'affirmer :

Tous les vices avec leurs griffes
Ont dans les plis de cette peau
Tracé d'affreux hiéroglyphes,
Lus couramment par le bourreau.

Il est un autre poète, et c'est Georges
Rodenbach, dont la lyre s'abandonnait
parfois aux enchantements de la chiro-
mancie.

Il aimait trop les mains pour ne les point ouvrir,

et nous montrait, avec je ne sais quel
accent voluptueux, mol et verlainien, le
piano qui songe...

...Le piano
Songe, attendant des mains pâles de fiancée...
Des mains douces par qui sa douleur soit pansée
Et qui rompent un peu son abandon de veuf...
Ces chères mains qui m'ont été quotidiennes...
Ces fières mains, ces mains douces, ces mains bénignes
O mains non moins spirituelles que charnelles...

Mais voici que le poète inquiet se va pencher sur les paumes et sur leur gouffre intérieur...

Les lignes de la main, géographie innée !...
Lignes où s'éclaircit l'énigme des mains peintes...
Or, elles ont aussi leurs longs chemins, les mains...

Et notre voyageur, soucieux d'aller ouvrir les portes mystérieuses, pose, si je puis dire, le pied de ses rêveries sur ces chemins :

Notre vie est en eux d'avance dessinée.
Car ils se croisent immuables dans les mains ;
Or le sort de chacun se lie à ces chemins...

et, répandant, en un vers, tout le secret de son âme, si dénuée d'énergie et comme abandonnée à la manière d'une paille sur les océans, il conclut :

Comment dès lors pouvoir changer sa destinée ?

— Chimère ! Chimère ! dit M. Lalouette. Mais votre poète n'a point tort : démêler l'avenir, c'est supprimer la liberté de l'homme.

— Chimère ! dites-vous. Ce n'est

point la seule qui vole aux pages de
Georges Rodenbach. Songez que cet
élégiaque soumis voulait voir aux lignes
de la main la marque de je ne sais
quelle ancienne union avec l'être uni-
versel :

Or, on dirait des cicatrices de racines,
Nos racines que nous portons secrètement...

Il y insiste :

C'est là, nous le sentons, que gît l'essentiel ;
Ces lignes sont vraiment les racines de l'être,
Et c'est par là, quand nous commençâmes de naître,
Que nous avons été déracinés du ciel.

Étrange et romanesque allégorie ! A
quel arbre fabuleux étions-nous donc,
avant que de choir aux pelouses de la
terre, pommes ou nèfles, suspendus par
les mains ? Et les gymnasiarques, qui
nous enchantent à la barre fixe, n'est-ce
point que, comme liés des paumes à une
manière de rameau, ils font devant nous
revivre notre existence antérieure ?...
— Qu'on s'inspire des mains ou des
entrailles des oiseaux, osai-je dire, il est

toujours fort dangereux de parler des choses futures. On s'y trompe aisément, comme on sait, et s'expose à montrer aux hommes des saisons nouvelles le visage d'un sot. C'est à quoi je songeais l'autre soir, en lisant *Gustave le Mauvais Sujet*; et n'allez point déduire de cet aveu que je fasse des ouvrages de Paul de Kock mes coutumières délices. Mais quoi ! ne faut-il point que je vous dise que j'ai lu *Gustave,* si aux pages de ce livre, j'ai renconté ces paroles admirables et que je vous prie d'entendre :

« Que de gens passent leur vie sans attrapper le but qu'ils veulent atteindre ! Les alchimistes, qui veulent faire de l'or et se ruinent sur des fourneaux ; les rentiers, qui font des plans sur les brouillards de la Seine... ; *les aéronautes qui veulent essayer de voltiger comme les oiseaux;* les voyageurs, qui cherchent le bout du monde ; les mathématiciens, la quadrature du cercle ; les physiciens, qui veulent guérir les maladies de nerfs par l'électricité ; *les mécaniciens, qui prétendent faire rouler une voiture sans chevaux...* »

Je ne suis point si docte que je veuille ici disserter du traitement des maladies nerveuses par l'électricité, mais qui m'empêcherait de rêver, quand je pense qu'en 1821, ce romancier logeait l'avion et l'auto entre le bout du monde et la pierre philosophale. C'était assez imprudent.

Mais M. Decalandre, tirant de la grande poche de son veston, une petite lyre, se prit à chanter, tandis que les autobus faisaient trembler les vitres aux fenêtres et les fruits entre les carafes :

N'accusons point, je vous le dis, mon cher Derème,
N'accusons point des dieux la sagesse suprême
Et gardons de vouloir, faibles et curieux,
Pénétrer des secrets qu'ils voilent à nos yeux.
Mais chez quelque devin vous brûlez de vous rendre.
Allez !... Son texte aux doigts vous me viendrez cher-
[cher :
Un oracle jamais ne se laisse comprendre,
Un oracle toujours se plaît à se cacher.

Il ne vous a point échappé, poursuivit-il, qu'en cette harangue brillent trois

vers que j'ai capturés dans *l'Electre* de
Crébillon ; et vous avez reconnu les deux
derniers : honnêtement, vous rendrez
l'un à Corneille, et replacerez l'autre en
l'Iphigénie de Racine...

Pourquoi Paul de Kock n'a-t-il point
suivi l'heureuse tradition des personnes
qui ont accoutumé de lire dans l'avenir ?
Car il eût pu prophétiser à son aise et
sans courir le risque qu'on sourît de lui,
à la condition, pourtant, que son langage
eût pris la forme d'une nuée, fulgurante
mais ténébreuse. L'obscurité n'est point
défendue aux oracles ; elle leur donne
licence de ne se point tromper à tout coup,
ou, du moins, de pouvoir ensuite affirmer qu'ils ne se sont pas égarés, mais
qu'on les a seulement mal entendus.

Il est une autre méthode pour les pro-
phètes et qui est d'annoncer le passé,
si vous me permettez que je parle
ainsi.

— Aimable divertissement ou pure
folie ! s'écria M{{me}} Baramel, et que vous
dirais-je si, dans les cartes ou au marc

de café, vous en veniez à prévoir aujour-
d'hui la mort de Cléopâtre et le cadavre
de la reine sous l'aspic ? N'entendez-
vous pas que le vocabulaire lui-
même refuse de vous suivre en si
étrange fantaisie et que le verbe *prévoir*
se met à hurler si on le tourne vers les
temps anciens ?

— Tout beau ! Il n'est que de savoir
jouer de cet instrument ; et si, par
quelque miracle, je vous transportais
en l'année 1891, serais-je hors de mon
bon sens si je prévoyais l'entrée de
Maurice Barrès à l'Académie Française ?

— Vous auriez la partie belle, puisqu'aussi bien, au moment que nous
parlons, Barrès est mort — hélas ! —
et qu'il est mort étant d'académie. Vos
discours ne sont qu'un bourdonnement !

— Eh ! n'est-ce pas l'histoire du songe
de Mme de Rambouillet et de trente songes
fameux qui sont aux tragédies ? Et qu'a
donc fait Marie-Joseph Chénier, en son
Charles IX ? J'entends encore son

Chaucelier — c'est l'Hospital — comme il s'écrie :

> Laissons faire le temps...
> — Ta vaillance et ton roi.

murmura M. Lalouette.

— Non ; nous ne sommes point au *Cid*. On va le voir de reste. Je reprends :

> Laissons faire le temps ; à la grandeur du trône
> On verra succéder la grandeur de l'État :
> Le peuple, tout à coup, reprenant son éclat.
> Et des longs préjugés terrassant l'imposture
> Réclamera les droits fondés sur la nature ;
> Son bonheur renaîtra du sein de ses malheurs :
> Ces murs baignés sans cesse et de sang et de pleurs,
> Ces tombeaux des vivants , ces bastilles affreuses
> S'écrouleront alors sous des mains généreuses :
> Au prince, aux citoyens imposant leur devoir,
> Et fixant à jamais les bornes du pouvoir,
> On verra nos neveux, plus fiers que leurs ancêtres,
> Reconnaissant des chefs, mais n'ayant point de maîtres ;
> Heureux sous un monarque ami de l'équité,
> Restaurateur des lois et de la liberté.

— Les saisons sont Hiver, Printemps, Automne, Eté !...

dit M. Lalouette. Quel est ce charabia ?

— Ce charabia ?... Marie-Joseph — j'ose à peine l'appeler Chénier — n'est point de votre avis, puisqu'il répond aus-

sitôt par le truchement du Cardinal de
Lorraine :

- Oui, ce discours, sans doute, est un élan sublime...

Le poète était très fier d'avoir, de la
sorte et dès le 23 août 1572, prévu la
Révolution française aux pages de cette
tragédie que les comédiens, sous les
yeux de l'auteur, donnèrent au public le
4 novembre 1789. Ne dira-t-il point, à
ce propos, en son *Epître aux Mânes
de Voltaire* et dans les notes de ce
poème :

J'ai voulu rappeler la Melpomène antique ;
Et dans les premiers jours de notre liberté,
J'attachai sur son front, avec quelque fierté,
        La cocarde patriotique.

« Non pas, continue-t-il, en composant
« la tragédie de Charles IX, qui était faite
« depuis longtemps : mais en ajoutant au
« rôle du chancelier de l'Hospital seize
« vers où il prédit la révolution. »
N'est-ce point exactement la méthode
que je vous proposais ? Vous ne man-
querez pas de noter que si Marie-Joseph

avait relu son ouvrage — mais il n'est
point si divertissant qu'on ne lui pardonne de l'avoir écrit seulement — il
eût trouvé au premier acte et dans la
bouche même du Chancelier, la condam-
nation de la prophétie qui forme l'ornement appliqué du troisième. Car, lorsque
le roi de Navarre s'inquiète d'affreux
présages — *trois fois les dés sanglants
ont effrayé ma vue,* — n'est-ce point
L'Hospital qui réplique :

Sur des signes trompeurs cessez d'être alarmé ;
Aux regards des mortels l'avenir est fermé,
Sire ; et quand le ciel même à qui tout est possible,
Nous daignerait ouvrir cet abîme invisible,
Parmi tant de mensonge et tant d'obscurité
Quel œil distinguerait l'auguste vérité ?

Pourtant, et c'est un autre exemple,
en octobre 1820, M. Césarin, qui, écrivain public, confiait le soin d'assurer sa
pitance à l'instrument :

L'admirable instrument des cinq doigts dont un pouce,

— et vous n'oublierez jamais ce vers —
M. Césarin voulut, à son tour prophé-

tiser. Il vit — que vit-il, justes cieux !—
il vit un mortel, et ce mortel :

Inventait une mécanique pour écrire ;
Il remplaçait par des leviers, par un déclic,
La main, noble instrument de l'écrivain public.

— En 1820, peste ! La machine à
écrire....

— Ne vous étonnez point, ce M. Césarin était un autre L'Hospital ; et,
comme le chancelier du cerveau de
Marie-Joseph, il naquit des veilles et
méditations de M. Miguel Zamacoïs pour
apparaître le 19 avril 1919 sur la scène
de l'Odéon.

C'est chose commune parmi les
hommes, et non point seulement chez
ceux qui hantent le théâtre, de mettre
le passé au futur. Que de fois, à quelque
personne dont le sort était soudainement
amer, n'avons-nous pas dit : C'était à
prévoir !... Eh ! oui, mais nous n'a-
vons nous-mêmes songé qu'on aurait dû prévoir la tristesse et la chute
qu'au moment même où leur spectacle
nous était donné.

Ce n'est point à dire pourtant qu'on ne trouve aux belles lettres aucun prophète. On en rencontre quelquefois. Certains écrivains ont conçu des objets qui ne nous étonnent plus, mais qui n'existaient point au moment que ces auteurs en pêchaient l'alevin dans leur encrier ; et me permettrez-vous de vous confier que j'ai trouvé, je pense, l'inventeur des journaux de mode, — après Brantôme, direz-vous. Mais, au *Roman Bourgeois*, Furetière nous montre Lucrèce quand elle disserte de la mode : —
« Il faudrait avoir, dit-elle, des amis ou
« des espions à la cour qui vous aver-
« tissent à tout moment des changements
« qui s'y font ; autrement on est en dan-
« ger de passer pour bourgeois ou pour
« provincial.

« Vous avez grande raison, ajouta le
« marquis, cette difficulté que vous pro-
« posez est presque invincible, à moins
« qu'il n'y eût un bureau d'adresses établi
« ou un gazetier de modes qui tînt un jour-
« nal de tout ce qui s'y passerait de nou-

« veau. Ce dessin, dit Hippolyte, serait
« fort joli, et je crois qu'on vendrait bien
« autant de ces gazettes que des autres. »
Hippolyte ne rêvait point... Ainsi,
lorsque nous entreprenons de prophétiser ou bien soyons obscurs, ou bien, si
nous pouvons, suivons l'exemple de
Furetière, ou bien découvrons hardi-
ment la vieille Amérique, et refaisons,
en souriant, le songe illustre d'Athalie.

— Nous voilà fort loin de Molière,
dit Mme Baramel.

— Le croyez-vous, Madame, quand
nous n'avons fait que songer à la prophétie que Mlle Roch nous fit entendre
à son propos ; et, d'une manière plus
générale, les paroles que nous avons
échangées ne se rapportent-elles point à
cette vie des poètes qui suit leur mort et
à la manière dont il convient de la per-
pétuer ? On ne peut tous les jours emboucher la trompette et ne convient-il
parfois, mais non point en chaque occasion, d'évoquer leur mémoire en une
manière de divertissement et de ballet ?

Tandis que M. Decalandre était parti
vers les ténèbres de sa cave à la recherche d'une bouteille poudreuse d'arma-
gnac, nous continuâmes de parler des
poètes et de leur souvenir.

— La poésie est chose grave, il n'en
faut point douter, dit M. Lalouette, et
l'on pourrait penser qu'un poème n'est
jamais qu'une manière de réclamation
contre la destinée. Mais pourquoi, si
l'on commémore un poète, prononcer,
comme on fait à l'ordinaire, des paroles
tristes que soutiennent des gestes lourds
de mélancolie? C'est, peut-être, et je
l'avoue, une excellente méthode, mais
il me semble que si l'on fête un poète,
et fût-il depuis de longues années à la
terre rendu, il conviendrait de mettre
aux phrases quelque joie ; car n'est-ce
pas le signe, si l'on parle encore de lui,

qu'il n'est point mort, j'entends que son
œuvre est vivante ; et il ne me déplairait
pas qu'en ces manières de discours, on
mît, non point la désolation propre aux
enterrements, mais bien l'allégresse dont
se doit accompagner la vie. J'aurai toujours bien de la peine à verser des
larmes sur le trépas d'un Virgile et d'un
Racine, quand je songe que leurs ouvrages sont plus vivants que les ouvrages
des vivants et que les vivants eux-mêmes.

Il advint un jour, et il n'y a guère, à
notre hôte d'être convié à prendre part,
comme on parle, à une cérémonie en
l'honneur d'Alfred de Vigny. C'était
une sorte de centenaire et, si je puis
dire, de double centenaire. C'était à
Pau, ville charmante et ensoleillée, où,
dans la même année 1825, Vigny, capitaine d'infanterie avait composé *Le Cor*
et avait épousé une jeune anglaise,
Mlle Lydia-Jane Bunbury.

Bref, M. Decalandre devait composer
une *Ode à Vigny*. Je ne sais quel
diable le poussant et qui avait le visage

de Paul Dubié, calife lettré, il avait accepté d'emboucher la trompette de l'ode.

Il relut Vigny. Il revit le visage amer de Dolorida :

Mais ses yeux sont ouverts et bien du temps a fui
Depuis que, sur l'émail, dans ses douze demeures
Ils suivent ce compas qui tourne avec les heures,

périphrase qui ne manqua point de l'inciter à penser à Chénier :

Peut-être avant que l'heure en cercle promenée
    Ait posé sur l'émail brillant,
Dans les soixante pas où sa course est bornée,
    Son pied sonore et vigilant...

Mais ces méditations sur les horloges ne faisaient point que les Muses descendissent de l'azur pour danser sur son écritoire. C'est à ce moment qu'il ouvrit l'indicateur des chemins de fer. Ne souriez pas. Il devait aller de Paris à Pau afin de chanter Vigny ; il fallait donc qu'il prît le train. C'est le premier point. D'autre part, quels vers nous pourraient donner une plus juste idée

de Vigny que ses propres vers ? C'est
le second point. Armé de ces deux
certitudes, il déboucha son encrier. Il
n'en sortit point une ode. Ce qu'on en
vit jaillir, vous l'allez savoir par mes
soins.

Deux jours après, sur la scène de Pau,
M. Decalandre disait :

Ainsi, comme un marin qui rêve de la rade,
Dès Etampes croyant toucher Peyrehorade,
Dans un nocturne char, par la vapeur tiré,
Je frôlais Orléans, Blois, Amboise, Vouvray...
Mais les gares, faut-il toutes qu'on les rappelle ?
Et je venais vers ce Béarn que nous aimons.

A ce moment, une voix charmante
l'interrompit et l'on entendit ce vers :

Sur le fer des chemins qui traversent les monts.

C'était un vers de Vigny, vous l'avez
reconnu, et Mme Dussane venait de le
prononcer. Il poursuivit :

Je relisais un livre et la nuit était belle
Que l'auteur d'*Eloa* savait illuminer.
Bordeaux parut à l'aube et pour nous étonner...

DUSSANE

Bordeaux, de ses longs quais parés de maisons neuves,
Porte jusqu'à la mer ses vins sur deux grands fleuves.

DECALANDRE

N'est-ce Vigny qui parle ? et n'entends-je ses vers ?
          Si ce n'est lui, c'est quelque Muse
Qu'ont appelée à Pau les charmes des hivers,
Qui connait le poète et qui de nous s'amuse.
Continuez, Madame, et nous interrompez,
Et poursuivons ce dialogue l'un et l'autre ;
Que la voix de Vigny nous touche par la vôtre
Et ses vers, lys amers dans les larmes trempés.
On le put voir ici, c'était à son aurore...

DUSSANE

D'un blond duvet sa joue à peine se décore...

DECALANDRE

Un jeune amour déjà qui le prend par la main,
          Met une rose à sa tunique ;
Le capitaine lui sourit et le chemin...

DUSSANE

Conduit à la maison de forme britannique.

DECALANDRE

Il danse : mais non point près d'un jazz-band rageur.
Il valse et sur son cœur croit serrer le bonheur.

DUSSANE

Le signal est donné, l'archet frémit encore :
          Elancez-vous, liez ces pas nouveaux,
Que l'Anglais inventa, nœuds chers à Terpsichore
Qui d'une molle chaîne imitent les anneaux...
La harpe tremble encore et la flûte soupire
Car la valse bondit dans son sphérique empire.

DECALANDRE

Mais que vois-je, et pourquoi ces larmes dans ses yeux ?

DUSSANE

Je suis un exilé...

DECALANDRE

                    Son regard est aux cieux.

DUSSANE

Montrez vos feux amis, fraternelles étoiles !

DECALANDRE

Il cherche un autre monde et veut tendre ses voiles.

DUSSANE

Dieu ! qu'on doit être heureux parmi les matelots !
Que je voudrais nager dans la fraîcheur des flots !

DECALANDRE

« *Fuir, là-bas, fuir.* . » J'entends d'autres voix inquiètes ;
« *Emporte-moi, wagon* »... c'est le cri des poètes...
Mais ne voit-il ces bords, ces arbres toujours verts
Que le soleil réchauffe au milieu des hivers ?

DUSSANE

En spectacle pompeux la nature est féconde ;
Mais l'homme a des pensers bien plus grands que
                                        [le monde.

DECALANDRE

Les fruits tièdes encor sous l'amical azur
Sont doux, pourquoi tenter un océan peu sûr ?...
Et, tandis que bourdonne une dernière abeille,
          Le verger lui tend sa corbeille...

DUSSANE

Qu'emplit la molle poire et le raisin doré
Et la pêche au duvet de pourpre coloré...

DECALANDRE

Loin de ce monde étroit, au désert azuré...

DUSSANE

Tantôt se balançant sur deux jeunes planètes,
Tantôt posant ses pieds sur le front des comètes...

DECALANDRE

Ame errante...

DUSSANE

                    Elle fuit nos bords mélodieux
Et les bois odorants, berceaux des demi-dieux,
Et les chœurs cadencés dans les molles prairies.

DECALANDRE

Frégate qui s'envole aux tristes songeries,
Cherchant...

DUSSANE

                    Quelque nuage où dans l'obscurité
Elle pourrait du moins rêver en liberté.

DECALANDRE

Mais n'a-t-il, pour que soit son angoisse calmée,
Et qui lui tend ses bras aimants, sa bien-aimée ?

DUSSANE

Et j'ai dit dans mon cœur : « Que vouloir à présent ? »
Pour dormir sur un sein mon front est trop pesant.

DECALANDRE

Il n'est plus rien qui le console dans ses plaintes,
Visages, villes, tout lui devient un tourment...

DUSSANE

Quand le cœur est gonflé d'indignations saintes
L'air des cités l'étouffe à chaque battement.

DECALANDRE

Son nom pourtant n'est pas aimé des seuls libraires...
De son cœur, tous les cœurs, pourquoi ne sont-ils
[frères ?

DUSSANE

Sitôt que votre souffle a rempli le berger
Les hommes se sont dit : « Il nous est étranger. »

Poésie ! ô trésor ! perle de la pensée !
Les tumultes du cœur, comme ceux de la mer,
Ne sauraient empêcher ta robe nuancée
D'amasser les couleurs qui doivent te former.
Mais sitôt qu'il te voit briller sur un front mâle,
Troublé de ta lueur mystérieuse et pâle
Le vulgaire effrayé commence à blasphémer.

DECALANDRE

Tous ceux qu'ils veut aimer l'observant avec crainte
Ou bien, s'enhardissant de sa tranquillité,
Cherchent à qui saura lui tirer une plainte,
Et font sur lui l'essai de leur férocité.

DUSSANE

Je ne me mets point en colère
Mais vous dites du Baudelaire ;
Respectez mieux le pacte entre nous établi :
Dites-nous de vos vers, j'en dirai de Vigny.

DECALANDRE

Je m'excuse, Madame, et ceci ne vous blesse...

DUSSANE

Seul le silence est grand ; tout le reste est faiblesse.

DECALANDRE

Il est vrai ; remontons sur ces sommets déserts
Où Vigny boit ses pleurs et compose des vers,
Domptant sa violence et voilant son mystère...

DUSSANE

Toujours mettre sa force à garder sa colère...

DECALANDRE

En poèmes muant ce que son cœur pleura,
Ainsi que d'une larme on vit naître Eloa...

DUSSANE

Mes larmes ont rouillé mon masque de torture.

DECALANDRE

Rien n'est plus qu'ennemi.

DUSSANE

                    Vivez, froide Nature...
Sous nos pieds, sur nos fronts, puisque c'est votre loi.

DECALANDRE

Elle n'entend la voix des lyres souveraines...

DUSSANE

L'Homme, humble passager...

DECALANDRE

Qui lui dut être un roi...

DUSSANE

Plus que tout votre règne et que ses splendeurs vaines
J'aime la majesté des souffrances humaines,
Vous ne recevrez pas un cri d'amour de moi.

DECALANDRE

Qu'importe Amour, Gloire, si tu nous mènes !
Vigny t'appelle et se confie à toi.

DUSSANE

Ah ! puisqu'une éternelle veille
Brûle mes yeux toujours ouverts,
Viens, ô Gloire ! ai-je dit ; réveille
Ma sombre vie au bruit des vers.
Fais qu'au moins mon pied périssable
Laisse une empreinte sur le sable.

DECALANDRE

Eva salue enfin son immortalité.

DUSSANE

Si l'orgueil prend ton cœur quand le peuple me nomme,
Que de mes livres seuls te vienne ta fierté.
J'ai mis sur le cimier doré du gentilhomme
Une plume de fer qui n'est pas sans beauté.
J'ai fait illustre un nom qu'on m'a transmis sans gloire.
Qu'il soit ancien, qu'importe ? Il n'aura de mémoire
Que du jour seulement où mon front l'a porté.
. . . .

Puisse cet impromptu vous plaire,
Où puisse-t-il, du moins, vous avoir plu ;
Ainsi ne réservez silence ni colère
Ni sifflet au poème ici qu'on vous a lu.

DECALANDRE

Ne m'applaudissez point, mais plutôt cette Muse
Qui, dans cet à-propos introduite par ruse,
   N'a dit un vers que n'ait écrit Vigny ;
Mais déjà le Béarn a reconnu son hôte
De jadis, descendant de la demeure haute
   Où l'ont les Gloires accueilli.
Après un siècle il vient encore au bord du Gave :
On entend parmi nous sa voix amère et grave,
Qui modula ses premiers vers en ce décor,
Et sur tout le Béarn passe le son du *Cor*.

— Eh ! oui, dit M. Decalandre, qui était entré depuis quelques instants et qui tenait une bouteille à la main, c'est ainsi qu'il m'advint de chanter la louange de Vigny. Le poète dut en sourire par les Champs Elysées ; et n'est-ce point la meilleure manière de fêter un poète que de faire entendre les vers qu'il a lui-même composés ?...

— Molière..., Vigny... Je ne voudrais certes point fêter de la même façon tous les poètes que j'aime. Mais n'est-il pas mille manières d'aimer ? Vous rappelez-vous tout le bruit que l'on mena pour commémorer Ronsard ? C'était à l'occasion du quatrième centenaire de sa naissance ; et je me suis demandé parfois, au coin du feu, ce que pouvait bien penser le Vendômois de tout ce tintamarre. Je rêvais là-dessus et j'imaginais une petite comédie, on dit maintenant un *sketch* aux rives de la Seine. Il ne m'aurait fallu qu'un comédien et une comédienne.

— Avec les beaux costumes de 1560, dit Mme Baramel.

— Non point, mais vêtus comme nous sommes.

— Ah !... Et Ronsard ?

J'imaginais, en mes songeries, un salon qui communiquait, je pense, avec un autre salon où l'on dansait. On entendait des airs de jazz-band.

Une jeune femme venait d'entrer ; elle respirait une rose qu'elle portait à ses lèvres.

Alors, paraît un monsieur qui la regarde, sourit et s'approche d'elle. Il est en habit ; grand et dans la force de l'âge, il porte une barbe légère et son visage est heureux et plein d'autorité, encore que souriant et parfois mélancolique.

Voyez-vous mes deux personnages ? Chut !... Ecoutez, je crois qu'ils commencent à parler...

« Lui. — Vous l'aimez !...

« Elle. — Qui vous l'a dit ?...

« Lui. — Et je vous envie.

« Elle. — Dites que vous l'enviez.

« Lui. — Je l'envie aussi, mais je
« l'envie bien davantage s'il vous aime.
« Car, être aimé, qu'est-ce au prix
« d'aimer ? Peu de chose. Notre desti-

« née nous embarrasse ; nous ne savons
« que faire de nos jours ; il nous faut
« bien les suspendre à quelque autel
« pour leur donner un sens en leur
« donnant un appui. Voyez-vous, le
« cœur humain, c'est une sorte de
« veston abandonné et qui cherche un
« porte-manteau, qui serait éternel.

« ELLE. — Mais, être aimé, n'est-ce
« rien ?

« LUI. — Celle qui m'aime appuie
« ses jours à moi ; et moi, qui devrais
« être le tuteur de ce liseron, j'aurais
« tellement besoin d'être appuyé moi-
« même, et soutenu !...

« ELLE. — Soutenons-nous les uns les
« autres.

« LUI. — On dirait du Laforgue.

« ELLE. — Il a dit :

« Consolons-nous les uns les autres...

« LUI. — Très bien... Vous aimez
« les poètes ?... Ils n'aiment que
« l'amour ; et l'amour...

Ne vis-tu pas hier Manon
Parlant et faisant bonne chère,

> Qui, las ! aujourd'hui n'est sinon
> Qu'un peu de poudre en une bière
> Qui d'elle n'a rien que le nom.

« ELLE. — Ah !... C'est une chanson ?

« LUI. — Oui, et bien triste : personne
« ne la connaît.

« ELLE. — On en a tant fait, après le
« succès de Massenet...

> Manon, voici le soleil !...

« LUI. — Oui... Ce n'est pas Manon,
« dans la chanson que je viens de dire.
« C'est Brinon.

« ELLE. — Brinon ?...

« LUI. — Cela ne vous dit rien...
« C'était l'un de mes amis. Il est mort.

« ELLE. — Ah !...

« LUI. — Et l'on ne connaît ni mes
« vers, ni son nom. C'est gai.

« ELLE. — Il y a tant de gens qui
« meurent...

« LUI. — Mais les poètes ont l'espoir
« de sauver, par leurs vers, la mémoire
« de ceux qu'ils ont aimés. Dans ma
« chanson.

« ELLE. — C'est vous qui l'avez

« faite ?... Elle est très jolie. J'aime
« beaucoup les vers, quand ils ne sont
« pas trop longs.

« LUI. — Oui, mais, voyez, vous ne
« la connaissiez pas.

« ELLE. — On publie des vers en si
« grand nombre ; on ne peut pas tout
« lire, tout de suite. Mais l'avenir...
« Vous êtes encore jeune ; on n'arrive
« point à la gloire en quatre enjambées.

« LUI. — Hélas, madame. Je suis né
« en 1524 ou en 1525, je ne sais plus.
« Il n'y a que mon ami Pierre de
« Nolhac qui le sache.

« ELLE, *à part*. — C'est un fol (*haut*).
« — Que me contez-vous là ?

« LUI. — Je suis Pierre de Ronsard
« (*Il s'incline, en enlevant son chapeau ;*
« *il a sur la tête une charmante et dis-*
« *crète couronne de laurier d'or*). —
« Je n'avais pas, plus tôt, enlevé mon
« chapeau ; excusez-moi ; je suis tou-
« jours un peu gêné à cause de cette
« couronne. Je ne puis l'ôter. Vous
« savez que la renommée se lie à

« l'homme même... Nous sommes
« quelques-uns comme cela par les
« Champs Elysées. Il y a Paul Verlaine,
« François Villon, Homère, Baudelaire,
« Virgile... Nous jouons au mah-jong.
« Car on s'ennuie, les pieds posés sur
« les étoiles. Homère est adorable ; il
« se met dans des colères effroyables
« et ne veut plus aimer sur votre terre
« que M. François-Albert.

« ELLE. — Et pourquoi donc ?

« LUI. — C'est que le vieux poète se
« raille de ceux qui veulent qu'on ensei-
« gne le latin aux enfants. « Est-ce que
« je savais le latin ? s'écrie-t-il, en don-
« nant des coups de poing dans la queue
« des comètes épouvantées, et, pourtant,
« j'ai écrit l'*Iliade* et l'*Odyssée* ». Il
« est charmant. Mais il demande que
« l'histoire de la littérature française, on
« l'enseigne en grec. Ah ! madame,
« qu'ils soient morts ou vivants, les
« hommes sont toujours des hommes.

« ELLE, *un peu émue*. — Vous êtes
« Ronsard... Pardon... Monsieur de

« Ronsard. Comme vous devez être
« heureux. Votre œuvre est si magni-
« fique...

« Lui. *Il sourit, puis :* — Cela dépend
« de vous tous, de ceux qui vous ont
« précédés, de ceux qui vous suivront.

« Elle. — Une œuvre est belle en
« soi et sa beauté ne dépend de rien
« autre.

« Lui. — On le peut soutenir et je
« vous dis merci ; on le peut soutenir et
« le contraire aussi. Une œuvre, c'est
« comme une ville d'eau, on y va parce
« que c'est la mode. Cela dure une
« saison, deux saisons, dix saisons ; et
« puis c'est fini. Pourtant, quelquefois,
« un beau jour, cinquante ans après,
« on y revient. Tout Paris est là de
« nouveau, et tout Londres et tout
« Copenhague. Vous m'entendez bien,
« cela veut dire quelques personnes de
« Paris, de Londres et de Copenhague...
« Il y a ainsi des phares à éclipses... Le
« paysage n'avait point changé ; les
« rochers sont les mêmes ; ils ont la

« même couleur, et l'eau, suivant les
« mêmes cadences, vient mourir sur le
« sable. Ce sont les hommes qui chan-
« gent, ou, du moins, car ils ne varient
« guère, qui s'attachent, tour à tour et
« pour les mêmes raisons, à des objets
« divers. Vous me direz qu'il est des
« sources où l'on buvait il y a deux
« mille ans et où l'on boit encore. Oui,
« mais peu de visages se penchent sur
« elles.

« ELLE. — Pourvu qu'il y en ait tou-
« jours quelques-uns.

« LUI. — C'est la vraie gloire. Une
« petite lampe que des mains rares et
« fidèles entretiennent toujours. C'est
« par ces mains que nous existons.
« Tenez, j'ai bonne mine en ce moment,
« je me sens plus robuste. Pourquoi ?
« Parce que les fidèles ont promené ma
« petite lampe de ville en ville. Aux
« Champs Elysées, nous attendons les
« anniversaires, les cinquantenaires, les
« centenaires, les quadri-centenaires, et
« non sans quelque inquiétude. M'auront-

« ils oublié, sur la planète ? pensons-
« nous. Si l'un de nous n'est point fêté
« par les hommes, il devient plus pâle ;
« il prend la couleur des nuages. Ses
« confrères lui serrent la main en
« prononçant des phrases consolantes ;
« mais leurs yeux rient. Ils sont en-
« chantés.

« ELLE. — C'est comme sur terre. Je
« croyais qu'on était plus cordial parmi
« les demi-dieux.

« LUI. — Comment le serions-nous,
« quand nous aspirons tous à la vie ?
« Nous nous pressons, en quelque
« manière, aux portes de l'humanité :
« elles sont étroites. M. Baour-Lormian
« fait peine à voir, si l'on peut dire, car
« on le voit à peine ; il n'est plus pâle ;
« il est transparent. Nulle pensée des
« mortels ne le colore plus. Nous ne
« pouvons vivre que grâce aux hommes,
« puisque notre œuvre n'existe que si
« elle revit sous le chapeau de quel-
« qu'un...

« ELLE. — Que me dites-vous là ?

« Une belle élégie, et qu'on la lise ou
« ne la lise point, n'est-elle pas belle ?
   « Lui. — C'est une bouteille puis-
« sante et que nul ne débouche. Elle
« dort dans l'obscurité. Mettez une
« pierre à la place... Ce qui est enivrant,
« c'est la vie ; c'est d'être une porte
« que l'on ouvre sans cesse, une rue
« toujours sonore d'autobus et de taxis,
« un vieil accordéon dont tout le monde
« tire des mélodies, un cheval qu'en-
« fourchent tous les jeunes gens. Mais
« la porte fermée, la rue déserte, l'accor-
« déon qui dort au grenier, le cheval
« qui vieillit dans l'écurie solitaire, ne
« m'en parlez point ! Sont-ils beaux, les
« paysages que nul, pas même vous, ne
« regarde ? Ils ne sont ni beaux, ni
« laids ; ils ne sont pas. La poésie ne
« vit pas dans les livres, elle vit dans
« les têtes ; c'est un fleuve qui doit faire
« tourner des moulins ; et j'en ai fait
« tourner des moulins cette année !...
« Je vis ; c'est pour cela que vous me
« voyez ce beau visage heureux et

« même empourpré. On dit mes vers,
« on les commente et l'on tente même
« de présenter au public mon apparence
« terrestre, dans ce qu'on nomme des
« à-propos...

« ELLE. — On n'oserait pas.

« LUI. — Il y a des gens qui ne dou-
« tent de rien. Pour ce qu'ils ont écrit
« quatre pages et pensent avoir bu l'eau
« de la fontaine Hippocrène, ils me
« mettent en scène et me font prononcer
« des phrases dont je ris bien. Ils pen-
« sent donc parler eux-mêmes comme
« Ronsard !...

« ELLE. — Mais vous ?...

« LUI. — Ce n'est point pareil. Moi
« je suis M... *(Le comédien dit son
nom)* et je dis le texte que l'on m'a
« confié ; mais je ne l'ai point écrit. Je
« suis Ronsard, parce qu'on l'a voulu,
« comme demain je serai Virgile ou
« Ravachol. Mais, aussi bien, puisque je
« suis Ronsard, j'ai vu des choses fort
« étranges. Savez-vous faire un à-pro-
« pos ?

« ELLE. — Je n'y ai jamais songé.

« LUI. — Les auteurs, à l'accoutumée,
« vous campent le personnage du grand
« homme et lui font dire ses propres
« vers.

« ELLE. — On est assuré qu'il y a, de
« la sorte, toujours de bons morceaux
« dans la pièce.

« LUI. — Oui, mais quel danger pour
« le reste du dialogue! Ainsi que devien-
« drait tout ce que nous avons dit, si
« brusquement j'entreprenais de réciter
« l'une de mes odelettes. Pourtant la
« tentation était grande. Je vous eusse
« dit :

> Mignonne, allons voir si la rose
> Qui ce matin avait déclose…

« ELLE. — Déclos! …
« LUI. — Comment ?
« ELLE. — Le participe passé, avec le
« verbe avoir, s'accorde avec le complé-
« ment direct, seulement s'il en est pré-
« cédé… Avait déclos sa robe de pour-
« pre au soleil.

« LUI. — Si vous croyez que c'est spi-

« rituel... La forme d'une phrase change
« plus vite, hélas ! que le   cœur   d'un
« mortel... Je vous eusse dit encore :

> Je vous envoie un bouquet que ma main
> Vient de trier de ces fleurs épanies...

> *(Elle porte la rose à ses lèvres.)*

« LUI. — C'est à lui que vous pensez.

« ELLE. — Le voici qui revient.

« LUI. — Allez le retrouver.

« ELLE. — Quel   singulier   à-propos
« nous jouons ici.

« LUI. — Oui ; il eût été plus conforme
« aux règles du genre que vous partis-
« siez avec moi. Vous savez le prestige
« des joueurs de lyre...

« ELLE. — J'aurais renoncé à l'amour
« pour consacrer mes journées à l'étude
« des belles-lettres...

« LUI. — L'amour de la poésie l'empor-
« tant sur l'amour de l'amour...

« ELLE. — Beau sujet de peinture
« murale.

« LUI. — Il vous attend et s'impatiente ;
« allez... Je ne suis, au fond, qu'une
« manière de fantôme. Comme la gloire

« était belle, dont je rêvais quand j'étais
« vivant ! C'est dans cet espoir qu'était
« mon vrai bonheur ; car de survivre à
« mon temps, j'en étais assuré...

« ELLE. — Tout autant qu'un mauvais
« poète.

« LUI, *riant*. — Et ce n'est pas peu
« dire... Allez... Tout ce que nous disons
« n'est que vain bavardage.

« ELLE. — Oui, et l'on finirait par pen-
« ser que nous jouons un à-propos.

(Elle sort d'un côté ; lui de l'autre.)

Je voudrais bien, dis-je à M. Decalandre, vous demander conseil. Mon ami Garnier, le poète, m'a prié de composer des vers, pour sa revue *La Muse Française*, en l'honneur de Raoul Ponchon.

— Eh ! bien, Raoul Ponchon ne vous inspire-t-il pas ? Si, à son seul nom, vous n'êtes prêt à chanter, vous me voyez bien triste, mon jeune ami. Raoul Ponchon est l'une des merveilles de ce temps, et il faut louer les merveilles.

— Certes ; mais, j'ai laissé passer les jours, et je devrais mettre mes vers à la poste ce soir. Vous le savez, quand on veut faire un poème, on y rêve avec délice, et puis, l'heure venue, on s'aperçoit que l'on n'a pas écrit le quart d'un hémistiche.

— C'est l'aventure coutumière et je devine que nous allons encore, en cette journée, fêter un poète. Ce ne sera pas le dernier, puisque, aussi bien, nous devons, ce soir, dévorer un poulet près de Léon Vérane et que j'ai promis, en outre, au vizir Henri Martineau de lui confier avant l'aube quelques feuillets en souvenir de P.-J. Toulet. Il y a près de deux ans que je songe à ces pages. C'était au temps que je partais pour Monte-Carlo, — et l'heure est maintenant venue de les livrer aux imprimeurs. Nous sommes donc tous deux logés à même enseigne ; sur la gorge tous deux nous avons le couteau. Mais, si j'étais vous, j'écrirais à M. Garnier que je n'ai pu faire ces vers...

C'est impossible.

— Non point, si votre lettre est, elle-même, une manière de poème. Dites-lui que Raoul Ponchon vous a interdit de souffler en votre flûte.

— Mais ce serait mentir.

— La poésie est formée de ces mensonges — je veux dire de fictions, qui ne servent qu'à mieux faire sentir les

mystères de la vérité ; et vos mensonges
ne seront plus mensonges, s'ils montrent seulement que vous n'avez point
composé encore votre poème, ce que
vous ne sauriez nier. Si vous m'en croyez,
nous allons tous en chœur aller à la
chasse aux vers ; nous les prendrons à
la pipée. J'imagine très bien un début
de ce genre.

— Eh ! quoi, me dit Raoul Ponchon...

Que vous a-t-il dit ?

— Mais il ne m'a rien dit.

— Eh ! bien, cherchons ce qu'il aurait
pu vous dire.

M. Decalandre déboucha son grand
encrier, et, quand la vieille servante vint
apporter le thé, il nous lut les vers que
vous allez entendre :

> Eh ! quoi, me dit Raoul Ponchon,
> Qui sur un bouc en mon délire
> M'apparut à califourchon,
> Eh ! quoi, tu veux lever ta lyre ?
> Pour m'honorer et me louer,
> Tu veux le vers au vers nouer
> Comme au substantif l'épithète,
> Et de cris me rompre la tête,

Alors que fantasque et cornu
Mon bouc me mène sous la treille
Où danse le Satyre nu
Qui maniant une bouteille
Chasse le frelon et l'abeille
Du sein de la Nymphe vermeille ?

Mon bouc a remué l'oreille ;
Lui non plus qui sait les secrets
De la Muse et les antres frais
Où l'on peut et boire et s'étendre,
Il ne veut ton vacarme entendre.
Pourtant, si tu ne peux nier
La promesse d'un plein panier
De tes vers à notre Garnier
Qui mène la *Muse Française*,
En voici déjà huit plus seize ;
C'est vingt-quatre, et vingt-cinq ici.
(Non point paniers, mais vers. Merci.)
Mais ne me viens donner souci
Et pour ne troubler mon mystère
Pends ta lyre à quelque patère :
Si je parle, tu peux te taire.

J'ai chanté le gigot, le vin,
La soupe à l'oignon, la salade,
Table et flacons ; le reste est vain
Tant qu'on n'a le gosier malade.
Saucisson, bourgogne... tu ris...
Mais sous le ciel gris de Paris,
Mais sous Paris et son ciel gris,
Mes vers de roses sont fleuris.
Encore qu'ami de la panse,
Je ne suis pas celui qu'on pense
Et le laurier me récompense.

J'ai loué Bacchus rouge et blanc
Et banni l'onde épouvantable,
Mais j'ai su d'un air nonchalant
Dresser l'Olympe sur ma table ;
Et malgré ce ciel pluvieux
Et ce froid Janvier qui nous perce,
Dédaignant le givre et l'averse
Et que j'ouvre ou ferme les yeux,
Je vis dans l'azur radieux
Et je chante parmi les dieux.
Ma côtelette est ambroisie ;
Nectar, ma grappe et mon houblon :
Ivresse devient Poésie,
Bacchus se mue en Apollon !

Et, dans si belles circonstances,
Tu me voudrais lancer des stances
Qui mèneraient un aigre bruit ?
Mais au Parnasse bicéphale
On n'entend ta triste rafale ;
Arrière et reste dans ta nuit.
Pourtant, je descends de ma roche
Et m'en vais au cabaret proche
Qu'on ne ferme que le dernier ;
Cache ta face de carême
Et va-t-en, mon pauvre Derème,
Sangloter chez A.-P. Garnier.

La nuit était venue et, dans le coin
de l'appartement la vieille pendule
béarnaise sonnait l'heure des verres
fourbis et des fourchettes aiguisées.
Nous nous rendîmes en un restaurant

du quartier des Halles, où était la salle
du festin. On fêtait Léon Vérane, son
livre *Le Promenoir des Amis* et la
dixième année des *Facettes*, qu'il dirige.
On admirait son visage sombre d'émir
ronsardisant et sa barbe frisée dans
l'ébène. M. Pol Neveux présidait. C'est
l'ami des poètes, et les Muses, qui
volent par l'azur, lui sourient.

Ignorez-vous ce qu'est un banquet
littéraire ? Qu'importe le turbot ? Qu'importe la poularde ? Il n'est point de
banquet s'il n'est point de discours.
C'est à quoi rêvait M. Théodore Decalandre, pendant que la glace fondait aux
assiettes. Encore un discours, songeait-
il, en se levant, tandis que tous les
auditeurs continuaient de parler à la fois :

> Par Phœbus ! encore un discours !
> O malheureux Vérane ! O sort épouvantable !
> Chacun reste immobile et pourtant dit : Je cours,
> Je cours en d'autres lieux et loin de cette table,
> Oui, je cours en esprit au pays enchanté
> Où de dîner sans bruit l'on ait la liberté !
> Quel est, enfin, quel est cet orateur barbare
>   Qui, le premier, au fond des temps,
> Dès la salade, institua ce tintamarre,

Et fit que le dessert aux mots larguât l'amarre,
Aux [mots, bruyants vaisseaux, et sur Bacchus
                                        [flottants ?
Quel méconnu ! Son nom n'est au dictionnaire.
Nabuchodonosor, datait-il de ton ère ?
Aigle de Jupiter, l'as-tu vu de ton aire ?
Fêtons ce soir, son dix-millième centenaire
Et — pour rimer — dans un vacarme de tonnerre !

Honneur à ce mortel, vêtu d'un triple airain,
          Qui, plus hardi que le marin,
Car le poisson des mers tient sa lèvre muette,
Honneur à ce mortel qui tenta le premier
En un geste, depuis devenu contumier,
De dérouler des mots en roulant sa serviette !
Honneur à lui ! — Qu'on fouille, et qu'un homme
                                        [savant,
Que de doctes chercheurs pourvus d'amples bésicles
S'élancent dans l'Histoire et triomphent du vent
Millénaire, qui fait tourbillonner les cycles
Des peuples abolis et des temps disparus ;
Qu'ils déchiffrent ce nom : qu'il brille, qu'il éclate,
          Qu'ils le trouvent au papyrus
Ou d'un chameau défunt sur l'antique omoplate,
Et qu'ils disent enfin aux hommes ébahis :
Nous avons démêlé sa race et son pays.
Il était orateur et parlait après boire ;
Si de quelque convive on célébrait la gloire,
Il se faisait inscrire et venait au festin,
Car il pouvait parler jusqu'au petit matin.
Il se levait, prenait son front le plus sévère
Comme un qui porte en soi tout le talent d'autrui,
Ou comme un qui d'un dieu s'estimerait l'étui ;
Il se levait, levait ce que nous nommons verre,
Et parlait du héros pour qu'on parlât de lui.

Puis, il se rasseyait, dégonflait ses musettes,
Pressait quelques amis ; chacun n'a-t-il les siens ?
Et l'aurore venue achetait les gazettes ;
Et cela se passait en des temps très anciens...

Vérane, par qui sont les Sirènes ouïes,
Et qui, là-bas, sur des montures éblouies
T'élances vers l'azur où l'on baise Apollon,
A toi qui fais danser les Muses dans Toulon
Et les Nymphes aussi de feuilles couronnées
Qui, fières, dans tes bras ne goûtent le repos
Aux rivages heureux des Méditerranées,
          Que te dirais-je après de tels propos ?
Je ne puis plus parler après cette satire
Et M. Pol Neveux par la manche me tire,
Me souffle que la nuit déjà succède au soir
          Et qu'il serait temps de m'asseoir.
Et, Vérane, pourtant ces charmantes années,
Où nous n'avions encore aux tempes nul poil gris,
          Les faut-il tenir pour fanées,
          N'en doit-on parler à Paris ?
Faut-il faire une croix sur nos deux destinées ?
Non. Mieux est de se taire, et la vieille amitié
Que tu chantais naguère et non pas à moitié,
Mais à voix large et forte et pleine, à la cadence,
Comme si tu lançais ton cœur à chaque vers,
Cette amitié fleurit encor ses rameaux verts,
Et sous ses fruits d'été les Muses nouent leur
                              [danse.

Que les roses toujours parent ton violon,
    Qu'il chante aux bois comme dans les mairies !
          Salut, fils barbu d'Apollon,
Qui bondis comme un bouc aux lyriques prairies !

Mais Mme Baramel dit à l'oreille de M. Lalouette :

— Que vient faire ce bouc dans les mairies ?

— Ne savez-vous point, Madame, que Léon Vérane,

> Ne savez-vous point qu'à Toulon,
> Cet enfant barbu d'Apollon,
> Occupe une charge civile
> Aux bureaux de l'Hôtel de Ville ?...

— Ne trouvez-vous pas, dit encore Mme Baramel, que deux de ces vers que nous venons d'entendre :

> Oui, je cours en esprit au pays enchanté
> Où de dîner sans bruit l'on ait la liberté,

ressemblent furieusement à ceux de Vigny qu'on nous rapportait aujourd'hui même :

> ...Quelque nuage où dans l'obscurité
> Elle pourrait du moins rêver en liberté ?

M. Lalouette se mit à rire ; puis :

> Je vais sortir d'un gouffre où triomphent les vices
> Et chercher sur la terre un endroit écarté
> Où d'être homme d'honneur on ait la liberté.

Il faudra, Madame, que nous relisions *Le Misanthrope*...

— Mettons des bûches au feu, dit
M. Decalandre, et rêvons à Toulet.

Nous avions accompagné notre ami,
après les derniers armagnacs et toutes
coupes vidées. Nous étions revenus dans
son appartement, et vous savez qu'à
Paris on ne se coucherait jamais. Minuit
avait sonné depuis longtemps et nul de
nous ne songeait à regagner son lointain
logis. Les fauteuils étaient profonds et
la fumée des pipes et des cigarettes tour-
nait déjà autour du petit lustre et des
poissons empailllés qui doucement au
bout de leur fil se balançaient au plafond
quand passaient les camions nocturnes.

M. Decalandre avait repris « *Mon Amie
Nane* » et M. Lalouette feuilletait les
« *Contrerimes* » ; il les savait par cœur.
Il n'était que de lui dire :

Dessous les tonnelles fleuries...

pour qu'il continuât aussitôt :

> Ne reviendrez-vous point.....?

Et comme vers la cheminée, tout emplie de flammes et de braises, se penchait Mme Baramel, il murmura :

> Toi qu'empourprait l'âtre d'hiver
> Comme une rouge nue...

et encore :

> Les roses naissent sur ta face
> Quand tu ris près du feu...

— Pardon, dit Mme Baramel, ce n'est point Toulet qui a inventé cela.

— Ces vers pourtant...

— Eh ! je sais bien qu'ils sont de sa main. Mais je dis qu'il n'est point le premier qui ait noté les reflets du feu sur la peau d'une femme ; j'ai lu Baudelaire :

> Et la lampe s'étant résignée à mourir,
> Comme le foyer seul illuminait la chambre,
> Chaque fois qu'il poussait un flamboyant soupir,
> Il inondait de sang cette peau couleur d'ambre.

Je dois vous dire que Mme Baramel n'aime point Toulet autant que nous faisons. Toulet et ses textes sont tout hérissés d'ironie et l'on sait bien qu'à l'accoutumée ce n'est point l'ironie qui enchante les cœurs féminins...

— Je ne crois pas, répondit M. Decalandre, qu'on vous doive donner raison. Si vous exigez qu'un poète ne dise rien que de radicalement nouveau, je pense qu'il n'est plus que de mettre des grilles autour du Parnasse, afin que nul ne monte plus aux pelouses antiques et toujours neuves, où les Muses mourront d'ennui. La flamme peut dorer ou rougir un visage ; eh ! que m'importe qu'on l'ait déjà dit, si cela est toujours vrai ? Et je ne saurais que vous conseiller, si vous devez vous faire construire un hôtel, d'interdire à votre architecte d'employer la pierre, la brique, le ciment, le bois, le fer, la tuile et l'ardoise, par ce que ces matériaux ont déjà servi à l'édification des maisons où s'abrite la race des hommes.

Et, à la vérité, de quoi, Madame, parlent les poètes dans leurs ouvrages ? De

rien que nous ne connaissions, ou, du
moins, de rien que nous ne pensions
connaître. Ils nous entretiennent de la
vie et de la mort, de l'amour, de la nature et de la gloire. Ce sont leurs thèmes
principaux, — et qui n'en sont qu'un, si
je l'ose dire,—et, d'ailleurs, en est-il d'autres et qu'on ne puisse rattacher à ceux-là,
comme la pomme au pommier et la plume
à l'oiseau ? C'est leur domaine. Ne leur
demandez pas d'en sortir ; ce ne serait
plus qu'extravagance. L'étymologie
nous l'enseigne, et l'expérience. Il n'est
point permis aux joueurs de lyre de se
promener hors des prairies où som-
meillent, rêvent, pleurent et rient et
chantent et méditent les mortels, sous
des guirlandes d'allégresse et de souci.
Il n'est pas de salut hors des chemins
battus et rebattus... Et ce n'est point un
paradoxe.

Il convient de faire ou plutôt de
refaire l'éloge du lieu commun. On peut
bien dire que c'est la route usée par le
pas des générations, et dont toutes les

ornières sont connues, et dont tous les
décors ont mille fois été contemplés et
mille fois encore ; il n'importe ! On
peut dire aussi que c'est un vieux soulier et qui a chaussé tant de pieds qu'il
s'en trouve usé, déformé, décousu ; il
n'importe pas davantage. Car les hommes
ne veulent pas qu'on leur parle d'autre
chose que de ce vieux soulier, et les
poètes ne s'émeuvent vraiment qu'à
battre la vieille semelle.

— C'est l'apothéose de la routine !

— Si l'on veut ; et c'est aussi tout autre
chose. Essayez donc, en vos propos, et
même en vos propos habituels, dans vos
conversations quotidiennes, de supprimer ces grands thèmes que je viens de
rappeler ; de quoi parlerez-vous ? De
quoi écrirez-vous ?

J'entends bien que nous n'avons pas
accoutumé de prononcer, quand nous
nous rencontrons au carrefour, des ser-
mons sur la mort, des harangues sur
l'amour, ni de considérer avec profon-
deur les problèmes de la destinée.

Pourtant, même en nos paroles les plus
fugitives, rien ne nous intéresse qui ne
se rapporte à ces grands problèmes, à
ces grandes rêveries, à ces grandes certitudes.

Je rencontre un monsieur et, dès la
main serrée, il ne manque pas de s'en-
quérir, comme je fais moi-même à son
égard, de l'état de ma santé ; il commente le chapeau toujours délicieux
d'une dame qui passe et me conte ses
soucis touchant son fils qui se destine à
Polytechnique ? Propos, me direz-vous,
qui n'évoqueraient que malaisément les
pompes de Bossuet et l'admirable violence de Pascal. Vous croyez-vous donc
si éloignée de ces grands hommes et
pensez-vous que les problèmes qui pas-
sionnaient ces deux têtes puissantes ne
sont point les mêmes qui nous passion-
nent à toute heure où nous ne dormons
point ? Ce monsieur m'a parlé de ma
santé, d'un chapeau féminin et de l'éta-
blissement de son fils. Eh ! madame,
n'est-ce point là comme la surface de ces

profondes mers, et qui sans doute n'en
font qu'une, de la vie, de l'amour et de
la société, laquelle n'est à bien voir, que
de la vie et de l'amour, — de cet amour
qui sait prendre, quand il lui convient,
le visage de la haine?

Et ne me dites point qu'il fait beau
temps, vous poseriez aussitôt le problème de la nature et de ce décor d'arbres et d'eaux, de pierre et de métal,
sous un ciel d'azur ou de nuages, où la
race des hommes a pris l'habitude de
mener le troupeau de ses jours.

*Le lieu commun, Madame, mais c'est
le lieu où nous vivons.* Hors de lui, il
n'est plus rien qui nous puisse intéresser
un instant. Ne demandez donc point aux
poètes de quitter les vieilles routes ;
leur musique aussitôt deviendrait fausse ;
elle ne serait plus accordée à l'antique
mélodie des hommes, et vous vous bouche-
riez les oreilles. Restons dans les sentiers
battus, puisque, au reste, il n'en est point
d'autres, et contentons-nous d'exiger des
poètes qu'ils nous émeuvent avec les

sentiments les plus coutumiers, avec les mots les plus usuels,

Beaux vers françois, avec les mots de tous les jours,

disait Clymène, et qu'ils sachent faire jaillir une flamme toujours nouvelle, en heurtant les vieux cailloux que tous les hommes tiennent en leurs mains...

— Mais, dans le détail... Je ne vous parle point de ces grands sentiments qui sont la chair même de la poésie. Mais, dans le détail, vous dis-je, ne peut-on exiger des trouvailles heureuses ? Je voudrais pour Toulet que nul, avant lui, n'eût vu ce reflet de la flamme dont nous parlons.

— Croyez-vous que Ronsard, lorsqu'il écrivait :

Ici, la tendre vigne aux ormeaux se marie,

cinquante poètes ne l'avaient pas déjà dit ? Il ne serait que d'explorer cette bibliothèque et j'aurais, en moins d'un quart d'heure, cause gagnée. Tout est dit, certes ; et tout est dit parce que tout a été vu, entendu, senti, touché, goûté, espéré et pleuré. Mais il est mille manières de tout dire, et les vrais poètes ne cherchent pas une manière neuve, pour son unique nouveauté, mais seulement parce qu'elle sera en possession de nous toucher encore. La nouveauté ! Les poètes en ont bien souci ! Mais ce qu'ils disent, en s'abandonnant à eux-mêmes — et non sans contrôle —, s'ils sont vraiment poètes, nous sait émouvoir, et il faut leur répéter que leur lyre est nouvelle qu'elle a des cordes qu'on n'avait point encore entendues, pour qu'ils inclinent à le croire. Comparez les vers de Toulet et de Baudelaire, dont nous discutons. Ils disent la même chose ; mais rendent-ils le même son et vous enchantent-ils de la même façon ?

— Je n'aime point, d'ailleurs, les grammairiens, dit Mme Baramel, en faisant la plus aimable des moues.

— Je les adore, Madame. Ainsi comment nous disputerions-nous, si nous ne nous plaisons pas au même gibier ?....

Pourtant, n'est-ce point en de telles occasions que la discussion s'institue...

— Toulet parle d'une jeune femme et lui dit :

> ... un jour, dans le cresson
> Tremblante, tes pieds nus ont leur nacre baignée.

Qu'en pensez-vous ?

— Je pense que c'est une image charmante.

— Et moi, je pense qu'il est allé mettre son participe au bout du vers afin qu'il devînt féminin et pût ainsi rimer avec une araignée qui se promène un peu plus loin. Bien vaine habileté !

— Quel égarement, Madame — et serait-il défendu d'être habile, et ne faudrait-il plus laisser de place qu'aux maladroits et aux barbares ? — Mais, Toulet, j'en suis certain, s'est plu en l'espèce à ranimer une vieille et heureuse méthode. Voyez comme nous sommes loin de la recherche du nouveau ! Je suis sûr qu'en soufflant sur son participe il a pensé à Chimène :

Mon père est mort, Elvire ; et la première épée
Dont s'est armé Rodrigue, a sa trame coupée...

qu'il a redit :

Il a par sa valeur vingt provinces conquises.

et qu'il a revu la saison

Que les tièdes zéphyrs ont l'herbe rajeunie ;

et qu'évoquant ainsi Corneille, Malherbe, la Fontaine, et dix autres encore, il a éprouvé comme une douce joie, une joie que je regrette qui vous échappe, si vous n'êtes sensible qu'à la nouveauté, fût-ce au jeu des syntaxes. Je vous l'assure, j'aime beaucoup mieux cela que l'étonnant participe mâle que Laurent Tailhade a logé au bout de ces quatre vers :

Camp du Drap d'Or et vous, lice guerrière
Des Beaumanoir et des Montgommery,
Quelques héros, poursuivant la carrière,
Ont de nos jours, vos palmes refleuri.

Mais vous m'allez dire que c'est hardiesse. Et si nul de nous n'a péché sur ce point... Un jour, il m'advint d'y trébucher : je ne vous confierai point où ;

mais si l'on le découvre, je dirai que c'était pour vous plaire (1).

— Je ne comprends pas bien, dit Mme Baramel, le plaisir qu'on peut éprouver à parler comme d'autres ont parlé.

— Ah ! Madame, il ne s'agit pas de copier leur langage. Il faudrait user ici de mille nuances et nous pourrions peut-être redire, en l'espèce, le vers fameux de l'épître à Huet :

Je ne prends que l'idée, et les tours et les lois...

C'est un peu comme les enfants prennent le lait de leur mère ; et soutiendrez-vous pourtant que La Fontaine ne fut pas un poète original? Mais, il faut, Madame, qu'un poète ne soit pas un illettré ; à moins qu'il ne prétende, par son propre génie, s'élever à ce point de perfection où les siècles ont porté la poésie. Ce serait une amusante prétention ; mais si le poète s'est nourri, comme il convient, des ouvrages de ceux qui l'ont précédé,

(1) Voir la note à la fin de l'ouvrage.

comment, et puisque ces ouvrages sont les plus beaux du monde et qu'ils lui ont donné mille plaisirs, comment ne se plairait-il pas à en rappeler quelques tours aux livres qu'il compose lui-même? Il n'y a pas que la nature et l'amour qui nous émeuvent; il y a les poèmes aussi, qui chantent la nature et l'amour. Ne convient-il donc pas de leur rendre quelque hommage, la plume à la main, et de faire délicatement sourire au coin d'un de nos vers le visage de Virgile ou de Chénier, tout de même que nous faisons frémir en nos élégies le feuillage des platanes et des troènes qui nous donnèrent leur ombre et leur paix aux étés du bonheur ?

Quand on écrit, *Beauté, mon beau souci...*

— C'est un livre de M. Valéry Larbaud.

— Certes ; mais quand Toulet écrit :

Beauté, mon cher souci...

ne pensez-vous pas qu'il savoure une

certaine volupté secrète et réservée aux
cœurs subtils, à saluer ainsi Malherbe,
et qu'il rêve, de la sorte, au fameux vers :

Beauté, mon beau souci, de qui l'âme incertaine.....

On a beau prétendre que la poésie, c'est
de pousser des cris nouveaux. Nous
n'en croyons rien ; mais nous croyons
que la poésie, c'est de faire passer
dans l'âme du lecteur le mystère qui est
en l'âme du poète, et ses goûts, et ses
bonheurs et ses détresses ; et si un poète
a le goût de la poésie et c'est à dire aussi
des poètes qui ont avant lui su chanter
sous les nuages et l'azur de notre monde,
lui serait-il donc interdit d'avouer cette
dilection et de la faire glisser en ses propres vers, si elle ne doit point déplaire
à ceux qui les doivent lire et qui retrouvent, de cette manière, au fond d'eux-
mêmes un comparable univers ? Vous
entendez bien que les allusions de ce
genre ne peuvent enchanter tout le public,
pour la raison qu'il les faut d'abord
entendre avant que d'en jouir. Ce n'est

point poisson pour tout homme. Disons qu'il ne faut pas, et c'est comme en toutes choses, passer la mesure. Mais quoi! même aux heures d'abus, c'est un excès que je ne me sens pas le courage de blâmer. Je préférerai toujours un homme trop lettré, s'il n'est point sot, à tous les sauvages que l'on entreprend de nous faire admirer et qui, dans leur naïveté, pensent à chaque pas découvrir des merveilles — lesquelles sont inscrites aux livres depuis plus de mille ans.

J'aime bien que les auteurs fassent la chaîne et qu'ils avouent leurs pères — car les poètes ont plusieurs pères. Leur œuvre atteste ainsi que la poèsie *continue*... Je ne sais si vous êtes sensible à cette pensée. C'est une de celles qui me sont le plus chères. Il ne faut point renier le passé, puisque sans lui nous ne serions pas, et ce n'est pas simple gratitude bénévole, car dès que nous le renions, nous cessons, en quelque sorte, d'exister. Nous devenons pareils à une branche qu'on a coupée et qui gît et se

fane dans l'herbe, au pied du vieil arbre
toujours jeune qui pousse des feuilles
nouvelles où chantent mille oiseaux. Je
comparerais volontiers aussi les poètes
à de hautes montagnes — et ce n'est
point pour le plaisir d'utiliser une vieille
comparaison, mais pour ajouter que les
poètes doivent être tout imprégnés du
passsé cependant qu'ils regardent aussi
vers l'avenir ; — et vous m'accorderez,
je pense, que les montagnes les plus
hautes sont précisément celles que le
couchant baigne le plus longtemps de
ses lumières et qu'elles sont les pre-
mières, aussi, qui reçoivent les clartés
du soleil levant.

Or, le langage, n'est-ce point le lien
des poètes ? C'est une guirlande, si
vous voulez, où chacun tente de nouer
une rose ou une marguerite, mais c'est
toujours la même tresse qui court de
siècle en siècle, descend des pics aux
prairies, et remonte des vallons aux
sommets. Ce langage des poètes, n'est-ce
le nôtre à tous ?

Et l'on peut bien chérir et rappeler, parfois, les joncs ou les lianes dont certains poètes se plurent à nouer le bouquet ou la gerbe des mots.

Cet amour de la langue, il brille, sourit, éclate en chaque ligne de Toulet; il l'avoue volontiers ; il en est fier. Vous rappelez-vous le baron de Béhan, quand il venait, aux *Trois Impostures*, de prononcer quelques mots grecs.

« Mais Filema l'interrompit :

Exétéra, fit-il. Et lâche la nous avec ton latin. Pas qu'on incomprenne. Mais c'est une langue qui m'insolente ! ... C'est du français, moi, que je te cause.

— Non, dit Béhanzigue : c'est du chagrin. »

Je vous avoue qu'aisément, si nous entendons pareils propos — et ils ne sonnent que trop souvent à nos oreilles — nous penchons vers les délices d'un archaïsme voluptueux. C'est, ce que faisait Toulet, qui se plaît certains jours, à écrire *mélancholie, aujourd'huy, ores*,

*stolidité, caryatide, avecque, vérécundie,
sçavoir et abyme :*

Et cet abyme où l'on tombait : t'en souviens-tu ?

Et s'il se divertit à conjuguer le verbe
sçavoir, voyez comme il le fait à propos, et non sans ironie, puisque c'est au
même instant qu'il veut dire qu'il n'est
au monde rien de nouveau. Faut-il trans-
crire tout le quatrain ?

Ne crains pas que le Temps *sçache* les cieux briser ;
Ni qu'en ses mains varient les fleurs ou les Em-
                                          [pires.
Rien ne change. Le même lys tu le respires
Qu'autrefois Cléopâtre, — et le même baiser.

C'est pour des raisons du même
ordre, jointes à celles que j'ai déjà
déduites devant vous, qu'on le voit qui
ranime les divinités d'un Olympe
toujours fleuri :

O Vénus, et ton char doré
    Glissant parmi la nue ?...
Et le vieux paon qu'Iris décore
    Jette au loin son cri d'or...

Nous en jugeons, sans doute, assez
mal aujourd'hui ; mais il fallait un

certain courage au temps où Toulet écrivait ces vers, sous l'œil des guivres scandinaves, pour introduire en un poème Iris et le char de Vénus, qui sont deux des plus charmantes images de notre civilisation. Ne fallait-il braver mille railleries pour écrire :

Ces moires dont Zéphire incline la prairie,
Ou si quelque déesse invisible a passé...

ou pour dire, qui a l'air tout simple :

Nous jetâmes l'ancre, Madame,
Devant l'île Bourbon.

Mais notez que tous ces Zéphires ne l'empêchent point de donner, s'il lui plaît, forme nouvelle aux mots, et d'imprimer *Saquespée*, quand il s'agit de l'auteur d'*Hamlet*. Vous remarquerez, que c'est, au vrai, le jeu d'une même tendance, qui est de maintenir la force et pureté d'une langue ; car, un langage, s'il est robuste, assimile les mots de l'étranger ; il en fait des cellules nouvelles de son propre corps, tout de même que nous pouvons manger mille

poulets, sans qu'il nous pousse un bec,
et tous les fils de la brebis, sans nous
muer en blancs moutons.

J'entends bien qu'un goût si vif de la
belle langue peut conduire le poète à de
subtils mais simples divertissements :

> Ah ! verse le myrte à Myrtil...
> Dans le lit vaste et dévasté...
> Amour si tristement et subie, et subite...

Mais il le mène surtout à faire jouer aux
mots les musiques les plus délicates. Il
n'est que d'ouïr ces syllabes nouées :

> ...aérien décor...
> Harmonieux décor...

et ce vers, enfin, qui est la perfection
même :

> Nuit océanienne.

Nous en pourrions disserter longtemps,
laissant de côté, pour cette étude, l'image
qui est en lui, et nous en viendrions
sans doute à penser que le secret de
son harmonie est tout simplement qu'elle
joue tour à tour de toutes les voyelles
(*a, e, i, o, u*), — mais n'oubliez pas

les consonnes ; et ce n'est point à dire
qu'il suffise de choisir les mots qui
contiennent le plus grand nombre de
voyelles différentes, pour écrire en
musique...

Comme nous rêvions là-dessus,
Mme Baramel qui feuilletait les *Contrerimes*, poussa un grand cri.

— Ah ! un vers faux ! s'écria-t-elle.
Quand je vous disais que je n'aimais
point cet auteur !... J'avais des raisons...
Entendez ! :

> Dans la rue des Deux-Décadis.

RUE...Cet *e*, cet *e* muet, où voyez-vous
qu'on l'élide ? C'est un vers faux !

— Je vous en signalerai un autre, dit
M. Decalandre en riant :

> Hélas, ruc-de-Villersexcl...
> ... La porte était trop basse,

murmura M. Lalouette.

— Mais nous voici en un problème
fort subtil, et si j'étais vous, Madame,
j'adresserais au Conseil Municipal une
belle requête. Je demanderais qu'on ne

consacrât plus de rues qu'aux hommes
dont le nom commence par une voyelle,
et l'*e* muet de *rue* se trouverait, de la
sorte, toujours élidé. C'est ainsi que
nous aurions, plus tard, la rue Albalat,
mais qu'on ne connaîtrait jamais la rue
Souday, ni la rue Dorgelès, ni les rues
Carco, Martineau, Benoît, Treich, Patin,
Chabaneix... Mais nous pourrions avoir
la rue Abel-Hermant.

Ah ! la rue Oberkampf fut douce à Mallarmé, aux jours qu'il se plaisait à
mettre en quatrains l'adresse de ses amis

> Bouilliant, rue Oberkampf, deux...

Mais que de tourments, à ce propos !
Il nouait des ficelles à sa lyre et usait,
au besoin, de l'épithète homérique :

> *Rue*, or c'est *des Chanoines*, douze...
> *Rue* aux maisons hautes *Taitbout*.....
> *Rue* élégante *Saint-Lazare*...
> *Rue*, ô délices, de *Moscou*...

ou bien il pratiquait l'apocope :

> Ru' Didot, Hôpital Broussais...

Laurent Tailhade aussi :

> Mais son carrosse a tourné
> Ru' de la Ferronnerie :
> Drumont fut assassiné.

Toulet n'a point usé de cette violence ;
mais la querelle que vous lui cherchez,
il paraît bien l'avoir prévue. N'a-t-il pas,
en effet, lié le mot rue à celui qui le
suit, par un trait d'union ? Et n'a-t-il
pas marqué de la sorte que *rue-de-Vil-
lersexel* et *rue-des-Deux-Décadis*, c'était
pour lui — comme pour nous tous d'ailleurs — non point trois ni quatre mots,
mais un seul ? Or, exigez-vous que
les poètes élident les *e* muets qui se ren-
contrent au milieu de leurs mots ? Ils
ne pourraient plus écrire *ingénuement*.
Vous me répondrez qu'ils écrivent parfois ingénûment et, si vous voulez plaider
là-dessus avec gravité, je ne manquerai
pas de rédiger pour vous plaire un petit
*Traité de la supériorité de l'accent cir-
conflexe sur le trait d'union.*

— Toulet, poète ingénieux...

— Eh ! oui, poète ingénieux, qui
savait au décor d'une heure découvrir
les teintes d'un plumage :

> Pâle matin de février,
> Couleur de tourterelle...

Mais ce n'est point là tout ce poète,
pas plus qu'on ne l'évoque tout entier
quand on se contente de dire après
lui :

> Avez-vous vu Boudroulboudour,
>   Princesse de la Chine ?

Et pourtant, c'est pour avoir écrit de
tels vers que P.-J. Toulet, à l'accoutumée, est tenu pour un poète charmant
et dénué de gravité ; et la forme, certes,
qu'il donnait à ses quatrains habituels et
qui a fait fortune au point d'être parodiée
— n'est-ce pas, Charles Derennes ?

> Ce fut à Ceylan et l'aurore
>   Nous trouvant mûrs à point
>   Que Curnon menaca du poing
> Rabindranath-Tagore,

cette forme n'est pas riche des pres-
tiges de la pompe et de la majesté ;
mais, dans ce rythme, la poésie qui,
sans cesse, paraît au point de trébucher,
se redresse, danse et vole.

Ecartons, cependant, les traditions ou
légendes, récentes sans doute, mais déjà
solides, et sachons voir en Toulet un

homme tout simplement et toutes les passions de l'homme.

Que Toulet, soit un jongleur, et fort habile, il n'en faut pas douter, et, aux Champs-Elysées, il se dut asseoir près de Banville. Mais il n'est pas, comme le poète des *Trente-Six Ballades Joyeuses*, toujours enivré d'un bonheur ébloui, ni d'un agréable enthousiasme, et ses poèmes sont pareils à des ponts de lianes fleuries sur un fleuve désolé.

Ame au désespoir et qui répugne aux confidences trop directes, loin de s'abandonner, de laisser voler ses plaintes ainsi qu'au vent bruissent les platanes ; discret, pudique, retenu, mystérieux, s'il nourrit et chérit les sentiments les plus vifs, il n'en peut supporter l'étalage ; il ne veut point montrer, mais, s'il se peut, que l'on devine en lui, comme une secrète lumière,

> Ce cœur, pareil au feu couvert,
> Qui se consume et chante ;

et n'a-t-il pas, en un vers, posé cette

maxime, où dans l'excès même il découvre sa méthode :

Mourir comme Gilbert en avalant sa clé ?

Vanité de l'amour, vanité de l'amitié, vanité de l'espérance, quel néant n'a-t-il point respiré et, avec une amertume profonde et douloureuse, la vanité de toutes choses et de la vie elle-même, à laquelle nous nous attachons à proportion que nous la sentons qui nous fuit ? « *La vie nous est chère parce qu'elle est incertaine* », écrivait, au Japon, Kennkô, dans la *Tsouré-Zouré-Gouça*, vers le temps que Pétrarque tendait les cordes de sa lyre, — et Toulet, qui marche sur les routes voisines du tombeau, lamente sa riante jeunesse :

> Ah ! les vignes de Jurançon,
> Se sont-elles fanées,
> Comme ont fait mes belles années
> Et mon bel échanson ?

Ce n'est pas seulement un vieux thème littéraire qu'il reprend et traite de la sorte, mais il sait vraiment qu'approche sa dernière journée, et ses lettres ont le ton de ses vers. Entendez celle-ci :

« Guéthary (B. P.) 6 jr XVII.

« Cher Derème, je suis un peu fatigué,
« ou si vous préférez : ruineux. Pardon-
« nez-moi de ne vous écrire que quelques
« mots pour vous remercier de ces vers
« que vous m'avez donné l'occasion de
« lire — et aussi pour vous souhaiter
« « une bonne année accompagnée de
« beaucoup d'autres » comme disaient
« les servantes quand j'étais petit. Et
« maintenant que je suis grand, les ser-
« vantes sont mortes, en sorte que je
« n'ai plus d'espoir, à ce lourd amas
« d'années, d'en ajouter de bonnes et de
« nombreuses. — Vous qui êtes jeune...
« Il est vrai que, dans cette chasse qu'est
« la vie si je n'ai pas levé beaucoup de
« lièvres, j'ai levé beaucoup de jupes,
« et c'est lorsqu'il m'en souvient, une
« compensation à beaucoup de maux.

« Travaillez-vous un peu, j'entends
« aux Lettres, nos nourrices ? Les

« miennes ne le sont, il est vrai, que
« sèches. Je m'y suis toutefois remis,
« autant que ma santé et mon courage
« le permettent.
   « Adieu, mon cher ami...

                    « TOULET. »

— Vous avez d'autres lettres de lui ?
dit Mme Baramel. Je voudrais bien les
connaître.
— Vous ne le méritez guère. Pourtant, je vais vous en lire quelques-unes ;
mais s'il s'y trouve à mon endroit quelques compliments que je n'aie pu enle-
ver sans faire chavirer les phrases, je
vous supplie de prendre note qu'ils ne
signifient quasi rien ; ils ne sont que
l'obligatoire ornement du genre épisto-
laire.
La première lettre que je reçus de
Toulet, la voici : elle est écrite aux
deux côtés d'une carte postale où se
rencontre figuré le village de Sare, qui
est au pays basque. Ce n'est point qu'à
ce moment Toulet fût au pied de la

montagne Pyrénée. Non certes. Mais il avait pris l'habitude et, sans doute, pour railler l'espace, de dépayser son encrier. Regardez : cette lettre d'Hyères est écrite sur une carte d'Avignon ; ces deux, de Baigts, dans les Landes, l'une sur une carte de Biarritz, l'autre sur une carte de Nîmes ; celle-ci, de Saint-Loubès, sur une carte de Sare, encore ; celle-ci, de Guéthary, en octobre 1918, sur une carte qui représente le Pavillon de la ville de Liège à l'Exposition de Bruxelles en 1910 ; de Guéthary, également, des cartes de Saint-Aygulf, de Paris et de Nîmes, et deux longs feuillets aussi rédigés au verso de *bons pour visite médicale* à l'usage des ouvriers du *Canal Interocéanique de Panama* (*Entreprise des travaux publics entre les kilomètres 26 et 44*)...

Cela ne vous plaît-il point ? C'est toujours le même poète mal accordé avec son univers, mal accordé avec la vie. C'est toujours lui ; et que, pour fuir le désenchantement de ses pensées,

il joue avec les images de ses épîtres ou
que, dans ses poèmes, il verse le poison
des rêves et peigne d'imaginaires décors
ou les paysages lumineux de son ado-
lescence, c'est vainement, car, parmi
ces songeries mêmes, il ne cesse de
remuer les images moroses de son propre destin ; et n'a-t-il, enfin, laissé entendre que ni l'amour, ni les rives lointaines, ni les végétaux inconnus ne
valent la fleur de la terre natale,

> Ne valent la brûlante rose
> Que midi fait plier ?

Il en venait à préférer sa province à
tout autre pays et voici cette première
lettre qui fut mise à la poste le 23 avril
1913 :

« Château de la Rafette, à Saint-Loubès
« (Gironde).

« Monsieur mon cher Compatriote,
« qui avez tant de talent, j'ai la tête
« enfarinée par la neura... etc., l'apa-
« thie, l'anémie cérébrale, toutes les

« promptes messagères du gâtissement.
« Et je ne sais même pas si je vous ai
« répondu. Je désire instamment que
« vous me tiriez de doute, puisque cela
« vous obligera à m'écrire.

« Certainement je suis béarnais, pur
« béarnais et moitié-créole. Je descends,
« de toutes façons — à deux ou trois
« siècles près — de la très noble Vallée.
« C'est, bien entendu, celle d'Ossau
« que je veux dire. Vous ne vous éton-
« nerez donc point que l'on me trouvât,
« lorsque j'avais un air encore, l'air
« russe, espagnol, northman, suédois,
« etc... — Et peut-être monégasque,
« mais on ne me le disait pas, à cause
« d'un caractère que j'avais, en cor de
« chasse. — Votre photographie d'hôpi-
« tal ne me renseigne guère, et Bru-
« chard qui vous rencontra en diligence
« n'est pas physionomiste. Pour moi,
« j'aimerais mieux que ce fût à Pau, où
« j'ai goûté jadis ce fuyant plaisir de
« vivre. Ne l'aimez-vous pas aussi ? Les
« filles y ont de la politesse et de la

« vassalité ; et les horizons en sont tels
« qu'on voit bien que le bon Dieu s'en
« est mêlé Soi-même, au lieu de les
« faire faire par ses domestiques, comme
« la Campine, Zanzibar, l'île de Haïnan,
« et quelques autres lieux où je ne fus
« sans doute que pour avoir la joie de
« retourner en France. — Etes-vous pour
« toujours retenu à la province ? Votre
« mauvais destin ne vous mènera-t-il
« pas à Bordeaux ? J'aurais tant de plai-
« sir si vous veniez me voir. J'en aurais
« très peu à vous parler de vos vers.
« J'aime mieux les lire..., et il y en a
« un sur l'Amour au pluriel qui a de
« quoi faire pâmer une âme alexandrine
« et tendre.

« Ce village de Sare, où j'irai finir
« mes jours si j'ai jamais 1200 francs de
« rente est d'un Pays basque assez
« inattendu. On dirait presque le Béarn,
« logique, harmonieux, aérien.

« Ys. TOULET. »

— Que faisiez-vous à l'hôpital, mon

pauvre Monsieur Decalandre? dit Mme Baramel.

— J'avais au régiment tordu l'un des
deux pieds que j'enferme dans mes
chaussures ; et la diligence n'était qu'un
tramway toulousain où je rencontrai
Bruchard, à l'instant que le médecin-
major m'avait enfin permis de courir en
la ville.

— Et cet amour au pluriel ?... Est-ce,
du moins, convenable ?....

— Oh ! Madame. C'est seulement
ceci :

En vain tu mets tes doigts sur mes yeux inquiets
Et me caches les prés, les branches et le ciel,
    O doux amoux, ô toi qui es
     Du féminin au pluriel !

Pourtant M. Decalandre continuait à
regarder les vieilles lettres.

Cette correspondance est bien singulière, disait-il. Nous passions notre
temps à ne nous écrire point, puis à dé-
boucher l'encrier pour nous marquer
notre étonnement que nos lettres fussent
si rares. C'était le temps de la guerre et

Toulet, qui était bien malade rêvait de servir. Il n'aurait certes pu tenir un fusil et il ne le savait que trop, hélas ! Mais il souhaitait d'être pris, tenu, retenu, de faire enfin une manière de pénitence.

« La mort de J. M. Bernard m'a bien attristé, m'écrivait-il, et l'on m'annonce celle d'un autre poète de mes amis, Louis de la Salle. Songez... et travaillez votre jardin, que j'ose appeler le nôtre. »

Ce n'est que le post-scriptum, mais voici la lettre, qui est du 3 janvier 1916 :

> « Hyères (Var)
> Avenue des Iles-d'Or, 10.

« Monsieur et poète, je reconnais que
« cette fois-ci, c'est moi qui suis en re-
« tard pour vous écrire. Aussi je profite
« de la nouvelle année pour « vous la sou-
« haiter bonne et heureuse » comme on dit
« en Béarn. Je suis retombé malade au
« commencement de l'hiver — ce qui a,
« je le crains, tout à fait jeté à l'eau le
« projet que je nourrissais de m'engager
« - au moins dans les secrétariats. Il se

« pourrait d'ailleurs que je sois enfin en
« bon état avant que la guerre ne finisse.
« Mais je n'ose pas le souhaiter.....
     « Je viens de passer un mois en
« Avignon et m'en vais passer quelque
« temps à Hyères, où j'espère que vous
« m'écrirez. Soyez un peu plus bavard, je
« vous prie — et me croyez bien vôtre

                    « TOULET. »

Quelle époque ! Quinze mois plus tôt,
Laurent Tailhade, malade aussi, me confiait une lettre destinée au ministre de
la guerre. Il me l'avait lue ; je lui avais
demandé permission d'en prendre copie,
et je vais vous lire ce vieux texte :

            « Bagnères-de-Bigorre
            (Htes Pyr.), 2 octobre.

     « Monsieur le Ministre,
     « A l'exemple de mon maître et glo-
« rieux ami, Anatole France, je sollicite
« de vous l'honneur d'être engagé pen-
« dant la durée de la guerre, dans n'im-
« porte quel régiment d'infanterie.

« Je n'eusse osé prétendre à cette
« faveur ni garder à mon âge, l'espoir
« de défendre encore la civilisation répu-
« blicaine et la culture latine qui nous
« ont formés. Cependant, avec l'audace
« du génie, Anatole France, notre aîné
« par les ans comme par la gloire, nous
« montre le chemin. Faites qu'il me soit
« permis de marcher sur cette noble trace
« et de servir comme lui.

« Alors que tant d'hommes jeunes et
« robustes apportent l'offrande au pays
« de leur printemps sacré, je m'enor-
« gueillirai, au seuil de la vieillesse, d'être
« le moindre parmi eux.

« Dans le grand silence qu'imposent
« les Barbares aux lettres, à la pensée
« humaine ; quand la Force appuyée sur
« le Droit a seule qualité pour parler
« encore, il est juste que l'on voie au
« nombre de ceux qui combattent pour
« la France les pacifistes d'hier, éveillés
« et repentants de leur erreur.

« Nous avons servi naguère, mes com-
« pagnons et moi, le plus noble idéal qui

« jamais ait sollicité les consciences ; nous
« avons préconisé la réconciliation des
« hommes, la paix universelle, quand on
« y pouvait croire et l'espérer.

« Pour moi, n'ayant à la poursuite de
« ce rêve épargné ni mon labeur, ni mes
« jours, ni mon sang, je regarderais
« comme le meilleur salaire d'un effort
« qui n'eut jamais de récompense que
« lui-même, l'honneur d'obtenir quelle
« qu'elle puisse être, une part dans les
« blessures et les travaux de la patrie.

« Veuillez trouver ici, Monsieur le
« Ministre, l'hommage de mon respec-
« tueux dévouement.

                « Laurent TAILHADE. »

M. Decalandre se prit à rêver et il se
fit un silence.

— N'avez-vous point d'autres lettres
de Toulet ? demanda Mme Baramel.

— C'est à Toulouse que j'ai rencontré le
poète. En ce temps là, dans cette ville
aux beaux jardins et au beau fleuve,
tandis que je m'ennuyais en un dépôt

d'artillerie, mon cher ami M. Granié,
l'ami d'Apollinaire, était procureur gé-
néral et M. Pol Neveux veillait sur la
Joconde et sur le manuscrit des *Pensées*
de Pascal. Il gardait bien d'autres trésors.
C'est alors que je reçus cette lettre :

« Hyères (Var)
Avenue des Iles d'or 10.

« Monsieur et ami, si je m'arrête un
« jour à Toulouse (en descendant à l'hô-
« tel Terminus (qu'il doit y avoir, j'es-
« père, jouxte la gare)) vers le 25, pourrez-
« vous passer la journée avec moi et nous
« ciceroner un peu, ma garde-malade et
« moi ? Je serais si heureux de faire votre
« connaissance (et je vous rapporterai
« votre Quichotte.

« Ys. Toulet. »

Toulet arriva un soir, vers la minuit.
Tous les cafés étaient fermés. Nous
étions en 1916, en février. Il paraissait
extrêmement fatigué. Il était grand,
maigre, osseux. Il avait l'air courbé et

comme un peu tordu. Sa barbe était
courte et dure ; et vous allez vous moquer
de moi, mais, encore que j'y songe, je
ne puis, en aucune façon, me rappeler
la couleur de ses yeux. Il faudra que je
le demande à Martineau. Mais il avait un
regard profond et doux ; le regard d'un
bon chien, et entendez que je ne fais
point d'épigramme, mais vous savez cet
admirable regard des chiens quand on les
caresse et qu'ils ont confiance... Beaucoup de gens pourraient le leur envier.

J'accompagnai Toulet qui, me disait-il,
n'en pouvait plus. Mais dès qu'il se fut
étendu, et comme, si, par miracle, il
avait repris de soudaines forces, justes
cieux ! ce n'était plus le même homme.
Ses yeux étincelaient ; ils étaient spirituels, narquois, parfois féroces, et lui
qui, tout à l'heure, parlait à peine, se
répandait maintenant en mille discours,
en mille épigrammes, et jouait avec une
petite clochette de porcelaine chinoise,
en tirant sa barbe d'une main longue,
agile, aux larges ongles.

Il demeura trois ou quatre jours à Toulouse. Jusqu'à six heures du soir il demeurait couché. Je l'allais voir le matin et à la fin de l'après-midi. Il était allègre, plaisant, et nouait des bouquets de souvenirs et tout à coup tirait des flèches. Puis il se levait; mais dès qu'il posait le pied au tapis, sa vigueur l'abandonnait.

Nous partions ; je lui donnais le bras et, tristement, il riait encore de sa faiblesse. Il faisait face au malheur et le perçait de traits.

Parfois, il s'amusait : il vit un soir, dans la rue Lafayette, de petits anchois à la vitrine d'un marchand. Il voulut en acheter un, mais un seul : on lui répondit que ce n'était pas l'usage. Il entreprit de se fâcher, alléguant qu'il n'avait qu'un appétit médiocre. On fit enfin ce qu'il voulait et, contre deux sous, il put emporter son anchois. On le lui avait mis dans une assiette en carton qu'il n'avait point voulu qu'on enveloppât d'aucun papier. Il portait ainsi cette assiette sur la main, comme les garçons de café portent leur plateau. Le petit poisson luisait quand nous passions sous un bec de gaz, et c'est en cet équipage que nous entrâmes au restaurant. Toulet ne mangeait rien. Il ne mangea même pas son anchois.

C'est pourtant ce soir-là que, souriant encore dans sa mélancolie, il écrivit sur l'exemplaire de *Nane* qu'il me destinait :

A TRISTAN DERÈME
MON PÈRE NOURRICIER
SON RECONNAISSANT
ET REPU,

TOULET.

Mais, une après-midi, il sortit seul. Il avait pris un fiacre et, en deux heures, toutes les boutiques d'antiquaires s'étaient trouvées explorées par ses soins. Il était admirable dans cette chasse, et les images et les bibelots lui donnaient les plus grandes voluptés.

Quelques jours après, il m'écrivait de Baigts :

« Cher ami. N'auriez-vous pas reçu
« une longue lettre en deux cartes pos-
« tales que je vous ai écrite ? Voilà
« longtemps que vous ne m'avez écrit.
« — Et les Callot de la boutique au
« verre bleu ?
« Adieu. J'ai attrapé une entorse qui
« m'empêche d'écrire plus de onze
« lignes.

« Ys. TOULET. »

Ah ! ce verre bleu ! Il m'aura donné bien du souci. Car il faut que je vous avoue qu'en cette époque les poètes n'avaient point toujours quatre sols en leur tirelire. Toulet et moi, nous souriions à la même absence de piastres. Ce verre bleu, comme j'eusse voulu l'acheter ! Mais vous verrez, par quelque autre lettre que je vous lirai, qu'il y eût fallu quasi tout le Pactole. Entendez bien que Toulet m'eût remboursé ces doublons

en délire. Je tiens à préciser ce point ;
mais je ne pouvais guère conter cette
histoire au marchand.

J'écrivais donc des choses vagues à
Toulet et lui envoyais des vers ; et voici
l'une de ses réponses, si nous pouvons
déchiffrer son crayon-encre :

« Cher (Monsieur) Derème,

« Un mot pour vous dire que l'état
« de ma gorge m'a donné une extinction
« de voix qui m'empêche d'écrire. — Je
« le ferai plus longuement dès que la
« parole me sera rendue. — Merci des
« vers. Je voudrais vous dire pourquoi
« je n'aime pas b'coup les rimes assonan-
« cées sur voyelles. Or le second
« exemple, une rime riche (chasse)
« jetée au milieu du vers suivant, accroît
« ce qu'il y a d'un peu voulu dans cette
« fausse négligence. Il y a un vers sur le
« bruit des feuilles dont j'aime mieux
« ne pas vous dire tout le bien que j'en
« pense. Ne m'en veuillez pas trop

« d'être si pion, et tâchez d'en rejeter
« la faute sur ma santé.
   « Votre ami,

                    « TOULET,
        « à Baigts (Landes)
              « par M'fort en Ch˙˙˙
              « 9 Mars XVI ».

    — Comment ? dit Mme Baramel.
    — Cela veut dire : par Montfort-en-
Chalosse.
    — Et quels étaient les vers qu'on voit
si mal traités ?
    — Les voici :

                    ...et je passais
Devant l'église avec vous et la chienne lasse
Qui buvait à l'ornière et tirait sur sa laisse
En revenant de la chasse, et nous demeurions
Sur la place où grinçaient déjà quelques grillons,
A regarder les deux clochers de brique pâle
Et rose...

    — Mais je n'ai point entendu le bruit
du feuillage...
    — C'était plus haut :

Aux jours lointains où dans les saules murmurait
Cet air sec et brûlant qui fripait le feuillage.

— Et que répondîtes-vous à Toulet ?

— Je ne sais ; mais je dus me défendre, encore que, je l'avoue, ma cause ne fût pas très bonne. Mais on défend toujours ses enfants, surtout au moment qu'ils viennent de naître. Si bien que Toulet me répondit de Baigts, le 7 avril 1916 — et vous allez voir comme il savait railler et s'accuser de mille péchés pour me mieux faire sentir le poids de ma faute :

« Cher Derème, ce que j'en disais, ce
« n'était pas absolument, mais affaire de
« genres. La petite pièce étant bucoli-
« que, il me semblait que la simplicité y
« était plutôt de saison. Et il me semble
« aussi que vous n'êtes pas sans quel-
« que tendance au witticisme et au
« concettisme — de même que je pèche,
« quand à moi, par la sécheresse, l'ob-
« scurité et un certain prosaïsme. Ne
« croyez-vous pas ?

« J'ai reçu les Albert Dure, dont je
« suis bien content, et une foule d'argent

« où je n'ai rien compris. Mais je pense
« que vous n'aurez pas été chez ce
« chiffonnier antiquaire... C'était pour y
« marchander des Callot, à gauche en
« entrant, — et, à droite, divers flacons
« de cristal, mais surtout (en m'en
« disant votre avis) un verre assez gros-
« sier mais qui a des cabochons bleus
« (2 ou 3 f. pas plus). Dans ces prix, si
« vous êtes en fonds, et si vous ne le
« trouvez ni ébréché, ni ridicule, en-
« voyez-le-moi.

« Adieu, Mr. et poète — quand nous
« reverrons-nous ?

« Ys. TOULET. »

— Mais vous aviez donc des foules
d'argent ! s'écria Mme Baramel. Que
nous disiez-vous tout à l'heure ?

— Je vous disais... Mais Toulet
m'avait envoyé quinze francs pour
acheter les Albert Dürer — ne souriez
point. Ces gravures valaient cinq francs
chacune, et, charmante surprise, l'antiquaire s'étant chargé de l'envoi, je pus

renvoyer cinq francs à Toulet. Ce n'est peut-être pas une foule d'argent, mais c'était une foule de sous.

Quant au verre bleu, qui était fendu, et qui avait perdu quelque peu de son pied, le marchand en exigeait dix-sept francs ! Dix-sept francs !...

Pourtant Toulet m'envoyait de la Rafette une lettre tricolore ; regardez : il s'est servi de trois crayons ; un crayon-encre mauve, un rouge et un bleu. Il aimait assez ces jeux, et voyez sa signature ; elle est également tricolore.

« M'estavis, cher Derème, m'écrivait-il,
« que vous m'avez un peu desbroumbat
« (comme on dit en notre Béarn). Car
« n'espérez pas que j'appelle: lettres, les
« papiers indigents que vous m'avez
« envoyés à l'occasion, et où vous aviez
« le front de vous plaindre. — Vous ne
« voulez pourtant pas que je vous ren-
« seigne sur les vignes de la Rafette, et les
« mascarets de la sereine Dordogne. —
« J'ai fait 12 vers ou 14. Ils ne sont pas

« bons. Encore, s'ils étaient méchants.
« Mais cette méchanceté, pour laquelle on
« daigna me louer jadis, s'est bien ramol-
« lie, comme moi. — Martineau m'est
« venu voir l'autre jour, en bonne forme.

  « J'espère qu'il ne va pas se passer 10
« ans sans qu'on se revoie.

  « L'homme au verre est un sot — et
« moi aussi de n'avoir pas deviné cette
« cassure.

  « Je crois que nous louons décidément
« à Guéthary.

  « Adieu, je vous pardonne si vous
« m'écrivez.

  « Votre ami.

« TOULET.
Rafette. »

En octobre 1916, il m'envoyait deux
quatrains et un distique, qu'il datait
d'Aug. XVI. Vous les connaissez :

> Du bord du canal noir...
> Ainsi que le taureau...
> L'ombre ni le mystère...
>   —·... enchanté des fontaines,

souffla M. Lalouette.

« — Et il ajoutait ces quelques mots :

« On m'avait promis une photo, qui ne
« vient pas — et les vers ne viennent pas
« davantage. Alors je vous envoie le bon-
« jour ; et tâchez d'écrire.

« Guéthary (B^{es} Pyr^{es})
« à Etcheberria. »

Une photo ? Quelle photo ? Je ne
savais. J'écrivis donc à Toulet, qui me
répondit le 5 Novembre :
« Mon cher ami, je ne comprends pas
« bien votre lettre, et n'ai pas sous la
« main l'avant-dernière. Peut-être me
« serai-je livré à quelque une de ces
« plaisanteries confuses et grossières
« dont j'ai le secret mais non pas le sou-
« venir. Et aussi bien que ce que j'ai
« pu vous dire, tâcherai-je à me figurer
« ce que Leconte de Lisle appelait « une
« haltère en babouches ».
« Mais enfin ne m'aviez-vous pas
« demandé des vers et ma photo ? Si je
« fais erreur, j'ai dû vous sembler bien

« ridicule quand je vous ai envoyé ces
« variations sur mirliton. — Et je n'ai
« pas eu l'intention de vous demander
« votre photo puisque je l'ai... Débrouil-
« lez-moi, j. v. p. si vs le pouvez. —
« Merci du sonnet... Vous n'aurez plus
« de moi pour compliments que les mau-
« vais. Ainsi, pourquoi ne croisez-vous
« pas les deux dernières rimes. Vous
« ôtez, il me semble, ainsi à ce genre de
« poème le je ne sais quoi de final, d'en-
« cadré qui fait la puissance de ce genre
« de poème dont il faut qu'il soit très
« défini de contours, et très-profond à
« l'intérieur. Me voilà reparti à faire le
« pion, pardonnez-moi, répondez-moi
« vite, et envoyez-moi d'autres vers. Je
« les accueillerai du même respect admi-
« ratif, avec lequel je suis,

  « Monsieur,
   « de vos talents,
« le très humble et très obéissant plau-
« dateur.
     « TOULET
     « Etcheberria. »

— Ah ! Ah ! Quel est donc ce mauvais sonnet ? dit Mme Baramel.

— C'est un sonnet que j'avais dédié à M. Pol Neveux ; et son dernier tercet, où gît le crime, vous l'allez entendre :

> Et le vent dans un peuplier
> Quand il chante fait oublier
> Les cordes de la lyre.

Et je reconnais volontiers que Toulet avait raison. Les vieilles règles sont, à l'accoutumée, fort bonnes, et Toulet les savait admirablement déduire. Il n'était point pion, encore qu'il le dît, et s'il s'accablait ainsi, ce n'était que pour adoucir sa bienveillante critique, mais il accordait au détail du métier poétique une importance non point trop grande, mais convenable. Car un poème doit être parfait. On ne devrait pécher en aucune syllabe, quand on écrit sous l'œil des Muses. Toulet le savait bien, et je lui voue une grande gratitude. Que de fois, et même pour les petites choses, il tint à me rappeler qu'il convient d'être rigoureux. Cela est d'un véritable ami, et je préfère aisément ses reproches aux compliments vagues, fades et vains et qui n'ont de prix ni pour celui qui les formule ni pour celui qui les reçoit.

J'avais, alors, fait un quatrain et je vous demande pardon de le dire devant vous, Madame ; mais, dès qu'on parle en vers, ne peut-on peindre des objets que la prose exigerait que l'on couvrît de quelque voile ? Au demeurant, le voici :

> Fanchon, vous êtes si velue,
> Mais vous le dirai-je, Fanchon ?
> Que je vous crus, vous voyant nue,
> A cheval sur votre manchon ?

Je publiai ces vers, au cours d'un article, dans le *Cri de Toulouse*, de mon ami Marius Bergé ; et Charles Derennes entreprit de les améliorer :
-- Fanchon, disait-il,

> Fanchon, vous êtes si velue
> Que je vous crus, hier, Fanchon,
> A croppetons et toute nue
> Assise sur votre manchon.

Cependant, j'envoyai mon quatrain à Toulet. Il me manda son arrêt, accompagné d'une photographie. Son jugement, comme toujours, était excellent :

« Cher ami, et Monsieur Huc, voici
« ma binette (flattée). Ne pleurez plus.
« — Votre quatrain est charmant, mais
« j'y suis gêné par la pauvreté des rimes
« *lue* et *nue* — (les rimes devant être
« riches dans les petites pièces). —
« Peut-être pourriez-vous le modifier
« dans ce sens-ci :

> Ah ! vous le dirai-je Fanchon
> Vous êtes telle devenue...
> Que je vous crus...

« ou bien :

> Vous êtes tel ours devenue

« ou bien :

> Telle toison vous est venue.

« Au moins éviteriez-vous les rimes
« croisées, qui ne sont pas bonnes dans
« un quatrain.
« La photo ci-incluse est de juin de

« l'an dernier. — Elle me rajeunit. —
« Plût au ciel, demeurant la même
« qu'elle me vieillît.

  « Il fait beau mais froid dans cette
« volaille de pays — qui n'est pas un
« pays de volailles. — C'est vrai qu'on
« gèle, en Avignon, à ce qu'on m'écrit.
« Ça fait toujours plaisir. Jammes m'a
« envoyé son Rosaire. Il devrait com-
« prendre que le talent n'a rien à faire
« dans les livres d'édification, non plus
« que Delacroix à Saint-Sulpice.

  « Adieu, — tâchez d'être un peu moins
« rare en lettres.

« TOULET. »

Vous connaissez mon admiration et ma
respectueuse amitié pour Francis Jammes ; je ne voudrais donc point que de
cette lettre que vous venez d'entendre
on pût faire une épigramme à l'égard
d'un poète qui m'a enseigné la poésie.
Si donc je n'ai pas sauté la phrase, c'est
parce qu'elle ne nie certes pas la beauté
des ouvrages de Francis Jammes, mais

qu'elle indique seulement l'opinion de Toulet sur le but que l'auteur des *Clairières dans le Ciel* s'est plu à marquer à ses Muses. Vous vous rappelez, sur ce propos, la phrase de Mme de Noailles, que nous a rapportée M. Paul Souday : « J'aime mieux sa rosée que son eau bénite. » Mais, de grâce, abandonnons ce problème. Le pourrions-nous résoudre ? Et si l'on en voulait seulement disserter, il faudrait que ce livre se prît à compter une vingtaine de tomes. J'aime mieux songer, et non sans tristesse, à la raillerie mélancolique de Toulet : « Plût au ciel, demeurant la même, qu'elle me vieillît. » Cela ne vous fait-il pas songer aux vers des *Contrerimes* :

> J'écoute résonner tout bas
> Le glas de ma jeunesse.

— Eh ! dit Mme Baramel ; vous sautez une lettre.

— Il est vrai ; ce sont deux feuillets roses. Je vais vous lire le début de ce texte.

« Guéthary, 18 Ms XVII.

« Mon cher Derème, — peut-être nous
« connaissons-nous depuis assez long-
« temps pour s'appeler : mon ami — je
« ne sais si la flotte est ds vos murs,
« mais je voudrais savoir si Derennes y
« est encore. Mon neveu m'avait de-
« mandé de sa part si j'étais assez bien
« portant pour qu'il vînt me voir en
« allant à Capbreton. J'ai répondu que
« certainement — si de me voir au lit
« ne lui répugne pas — et que je serais
« ravi de sa visite...

« Je ne me rappelle aucunement ces
« quatre vers sur mon portrait (plus
« flatteur encore que celui de Daudet).
« Dites-moi le premier hémistyche,
« s. v. p... »

— Quel était ce quatrain ?
— Le voici :

Comme un faune poursuit l'oiseau d'or et de moire,
Tristan, capricieux oiseleur de tes vers
Qui chantent dans mon cœur — cependant qu'au
[travers
D'un antre du Béarn pleure une eau froide et noire.

Vous noterez la date, telle que Toulet l'a écrite : « *8 fév.* xiix ».

— Il faut dérouter, me disait-il, ceux qui plus tard liront nos papiers.

Et il disposait des chiffres romains de telle sorte qu'ils eussent l'apparence de s'annuler les uns les autres, pour aboutir au zéro. Ainsi, il jouait avec le temps, comme nous avons vu qu'il jouait avec l'espace.

Cependant je m'étais mis en quête de Charles Derennes. J'appris qu'il était en Gascogne avec Pierre Benoît, et les nouvelles que je reçus enfin de lui ce fut ce sonnet allongé :

Vous m'avez demandé si je suis mort, Tristan ?
Je ne crois pas. La vie on dirait continue,
Avec, toujours, son air sot de pucelle nue
Qu'un faune apercevrait, lorgnerait un instant

Et même, en connaisseur, palperait, insistant
Loyalement... Hélas ! quelle déconvenue !
— Que l'installation de la nuit dans la nue
Voile à nos yeux mortels ce spectacle attristant !

Le Faune et moi sommes cousins — tu le confesses
Faune — lui fatigué d'une éternelle ardeur,
Moi froid de feux anciens, fort de jeunes faiblesses ;

Mais j'ai de plus, au plus avare de mon cœur,
L'heur d'à mon gré vous joindre, îles enchanteresses
Où de beaux babouins mes sujets, par pudeur,

Peignent en blanc d'argent les fesses des négresses.

Moralité
On est triste parfois quand le vent d'antan geint
Parmi les peupliers du Passage d'Agen.

Comme je voudrais rêver à cette époque ancienne, où les lettres de mes amis m'étaient si douces. Jean-Marc, hélas ! n'écrivait plus...

De Bayonne où je vous écris,
Mon cher Tristan Derème...

c'était Carco ; et c'était Muselli :

Amitié ! que ne puis-je avec ta fine lance
De Derème Tristan percer le dur silence !

et Chabaneix, page charmant, qui levait une première rose au bruit du canon :

Je suis heureux. Le vent caresse le feuillage.
Et c'est encor la fin sans fin d'un soir d'été...

Années lointaines, et, pourtant, si amères...

— Mais vous ne lisez pas les feuillets roses...

— Ils ne contiennent, Madame, que la liste des ouvrages de Toulet.

— Je ne vois pas le mystère.

— *Il n'y a pas seulement là le nom des livres qu'il a signés.*

Mais voici la dernière lettre que j'ai reçue de lui. C'est la dédicace du *Grand Dieu Pan.* Ce livre me parvint en un petit paquet. Hélas ! la feuille de garde avait disparu ! Mais je la trouvai bientôt sous une enveloppe et Toulet va vous donner la clé de ce mystère du livre rompu, et je pense que tous les bibliophiles frémiront à m'ouïr :

« Guéthary, 8 Nov. XVIII :

« A Monsieur Tristan Derème, poète,
« et sans épithète.

« Je ne sais, cher ami, si vous avez
« reçu l'autre jour ce précieux autogra
« phe ; et à peu près aussi chiffonné que
« je le suis moi-même depuis plus d'un
« mois. Ceci est le faux titre de la traduc
« tion que j'aurais dû vous envoyer depuis

« longtemps. Je l'ai détaché du livre (où
« vous n'aurez qu'à le recoller) pour y
« pouvoir, sans être condamné à des
« milles de francs d'amende, écrire ma
« dédicace, qui se composera tout bonne-
« ment d'un bout de lettre. Je nourris-
« sais, il est vrai, le projet de vous en
« faire une en vers. Mais quoi, il faut
« être poète... »

Puis, il me demandait de rechercher
pour lui quelques objets : des dessins,
le catalogue du musée, des livres.

« Vous recevrez, un de ces jours,
« poursuivait-il, à moins que Martineau
« ne m'en donne pas (1), *Comme une*
« *fantaisie*, et ne vous croyez pas obligé
« de lire cette rhapsodie. Il contient
« néanmoins une chose de moi que
« j'aime. C'est *Ombres Chinoises*. Il est
« vrai que je suis, je crois, le seul à
« l'aimer.

« Dites-moi, je vs prie, si votre santé
« est bonne. Pour moi l'hiver commence

(1) Je dois rendre justice à Martineau. Toulet
m'envoya *Comme une fantaisie*.

« à me dévorer déjà. Je ne bouge plus
« de mon lit. C'est pour ça particulière-
« ment, que je serais content si vous
« trouviez quelque chose, parmi celles
« que je vous ai prié, indiscrètement, de
« chercher. — Si ça vous ennuie trop,
« vous n'aurez qu'à me dire que vous
« avez usé votre temps et vos chaus.
« sures sans rien trouver ; et vous tenir
« entre tant, dans le café le plus confor-
« table. Mais je devrais avoir des remords
« de « vous *faire méfiance* » tant vous
« avez entrepris de choses pour me faire
« plaisir. Et le seul avantage que vous
« en ayez tiré, c'est que je sois devenu,
« cher Monsieur Huc, une sorte de bête
« de plus en plus exigeante, je veux
« dire votre ami.

« TOULET. »

Pauvre Toulet! Comme nous l'aimions,
malgré son caractère en cor de chasse,
ainsi, vous le savez, qu'il le disait lui-
même, — et comme nous l'aimons.

Il avait, pareil à tous les hommes, fait le

rêve du bonheur. Mais rêve amer, cette aspiration à l'heureuse sérénité ; il n'est que les cœurs inquiets pour se nourrir vainement de cette espérance de calme.

Nous ne serons jamais une seule momie
Sous l'antique désert et les palmiers poudreux,

fut-il dit en la *Tristesse d'Eté* de Mallarmé.

Ne pleure pas : d'être identique,
C'est un rève des dieux,

répondait, en quelque manière, P.-J. Toulet. Mais il ne désespérait point, ou, du moins, ne voulait pas qu'on vît ses larmes. Les Muses aussi le confortaient, et il balançait sans cesse entre le néant des choses et du monde :

La vie est plus vaine une image
Que l'ombre sur le mur,

et le spectacle immuable de l'univers :

Hélas ! rien ne varie, et quoi qu'on ait coutume
D'en dire, tout est comme à son commencement.
Les fruits n'ont pas changé d'odeur, ni mêmement
Les femmes de mensonge, ou Thétis d'amertume.

C'est à la poésie, c'est à la langue,

c'est à la terre, c'est à sa terre, à la terre
de ses morts, comme Barrès à Charmes,
et suivant l'ordre de la sagesse, qu'il
venait demander quelque tranquillité
d'esprit et de hauts enseignements.
Avide seulement de ce qui est durable,
c'est là qu'il choisira la matière et les
formes qui ont prouvé, par le fait,
qu'elles pouvaient durer. Il voudra,
comme on dit, renouer la tradition et
chanter d'une voix qu'eussent avouée
un Théophile ou un Malherbe ; et,
certes, on connaît assez quel souci fut le
sien de bien écrire et de bien penser,
en un temps où tant de poètes, pour
paraître neufs, faisaient profession
d'ignorer la grammaire et jusqu'au sens
des mots. Ainsi nous le verrons qui
donne à ses chants je ne sais quelle
perfection ornée. Il chérit et ranime les
vieux termes nobles et trop dédai-
gnés, les savantes périphrases, le style
ancien :

Voici que j'ai touché les confins de mon âge...
Je te sacre d'un bras d'onze lustres glacé...

Et la pendante Hécate, au ciel, sanglant trophée...
Et l'arme du chasseur, avec un faible son,
Perce la brume, au loin, de soleil imprégnée...

et n'oubliez ce « fer changeant » qui grince au toit de la Rafette... L'arc-en-ciel, s'il le peint, enchantera les poètes du XVIIIᵉ, Jacques Delille entre autres, dont Mallarmé ne fut, en quelque manière, qu'un disciple distingué :

> Iris, à son brillant mouchoir,
> De sept feux illumine
> La molle averse qui chemine
> Harmonieuse à choir.

Ce poète inquiet et fiévreux qui, durant toute sa vie, a cherché le calme, le repos, l'apaisement, la sérénité, trésors que certains nomment bonheur, ne les a-t-il pas trouvés seulement dans la littérature ? Ce n'est point qu'il fût entièrement assuré que, par ses vers, son nom, vaisseau favorisé, traverserait la mer des âges. Pourtant — lorsque Ronsard est plein de certitude — Toulet se pose la question. Il interroge :

> Quand vous direz : « Où est celui
> De qui j'étais aimée ? »

> Embrasserez-vous la fumée
> D'un nom qui passe et luit ?

Mais quelle que pût être l'issue du combat, que son nom fût désigné pour la victoire — le triomphe ne fût-il lui-même qu'un autre néant — ou que les siècles, doucement et comme des gommes à effacer, dussent frotter sa gloire, il goûtait la joie profonde de composer des vers qui affirmassent sa domination, la suprématie de sa raison sur ses malheurs, sur ses chagrins et sur ses peines, sur ses passions, sur toute la nature. Rappelons-nous le mot de Pascal : « Mais quand l'univers l'écraserait, l'homme serait encore plus noble que ce qui le tue, parce qu'il sait qu'il meurt ; et l'avantage que l'univers a sur lui, l'univers n'en sait rien. » Toulet poussait les choses plus loin encore. Corneille peut bien écrire :

> Vous ne passerez pour belle
> Qu'autant que je l'aurai dit ;

mais Corneille ni Pascal ne doutaient

point que la belle rebelle ni l'aveugle
univers ne fussent doués d'une existence
propre. Toulet, lui, comme ivre de
rébellion, n'accorde aux choses un être
véritable que de l'instant où un poète
les reflète dans son esprit, que du
moment où les chante une lyre :

> Molle rive dont le dessin
>   Est d'un bras qui se plie,
> Colline de brume embellie
>   Comme se voile un sein.
>
> Filaos au chantant ramage,
>   Que je meure et, demain,
> Vous ne serez plus, si ma main
>   N'a fixé votre image.

Impatient, violent, déchiré, tout bouil-
lonnant de colère et de douleur,
P.-J. Toulet, mais, comme l'enfant au
renard, sans l'aveu d'une plainte et
soucieux que son visage ne le trahît
point, blessé, près de mourir, et ne
l'ignorant guère, fier cependant devant
la destinée terrible, il tenta de la regarder en face, de la lier aux guirlandes
tenaces des pensées et des rythmes, et,

l'âme grave, serrant les dents pour un tragique sourire, nous sut donner une grande et nouvelle image de la dignité de l'homme.

Pourtant la dernière bûche s'écroulait en braise rouge dans la cendre. Les premiers autobus passaient sous les fenêtres et l'on devinait aux carreaux le petit jour. M. Decalandre nous conduisait jusqu'à la porte de la rue.

— Je vais relire Toulet, dit Mme Baramel.

APPENDICE.

D'André Thérive et du

participe passé.

Je ne pensais point, tandis que je m'abandonnais à une manière d'aveu (à la page 92) que ma faute dût être si rapidement découverte. Justes cieux ! Pendant que je corrige les épreuves de ce petit ouvrage, le facteur m'apporte les *Nouvelles Littéraires* ; et, dussé-je vider mon encrier, j'écris à mon ami Léon Treich ce rapide billet :

Je suis mort, mon cher ami ; je suis assassiné ; et c'est André Thérive qui vient, dans les *Nouvelles Littéraires*, de me percer le flanc. Entendez que je parle par figure, mais il est bien vrai que je n'ai plus qu'à fuir les antres et pelouses du Parnasse. Vous connaissez mon crime. Il est inexpiable. Je n'ai pas fait accorder un participe. Au reste, voici l'acte d'accusation, et il s'agit dans les vers que vous allez lire de l'enfant Jupiter sous la chèvre Amalthée.

« *La question de l'accord du participe, écrit André Thérive, dans le tour :* l'impression que ça m'a fait *et non* faite, *a vivement ému mes correspondants. Je m'y attendais. Un confrère me signale ces vers dans un des derniers poèmes publiés par Tristan Derème :*

> Une chèvre est à genoux.
> Doucement elle l'allaite
> D'une tendre mamelette
> Qu'entre ses doigts il a *pris*.

« *Je gage que peu de lecteurs auront remarqué la licence ou la négligence du poète. C'est dire si la règle formelle est menacée dans le langage d'aujourd'hui, même dans le bon langage.* »

Vous entendez bien, et j'en rends grâce à André Thérive, que son réquisitoire est mille fois bienveillant : il confine à la plaidoirie.

— Eh! quoi, me direz-vous, ne rougissez-vous point?

— Je veux bien rougir, mais d'une seule joue et encore est-ce pour vous faire plaisir. Et si je vous écris ce billet, c'est pour me confesser à vous.

Cette mamelette, je savais fort bien que j'avais eu tort de dire que Jupiter l'avait *pris* puisque aussi bien il l'avait *prise* ; et j'ai, sur mon bureau, tandis que je vide mon encrier, les épreuves d'un petit livre. J'emploie mes loisirs à les corriger. Or, dans l'un des chapitres de cet ouvrage, il est, sous forme de dialogue, traité du participe et de la manière dont il faut qu'il s'accorde ou ne s'accorde point. Vous pensez bien que j'y soutiens la bonne règle et que je ne manque point de rappeler Malherbe et La Fontaine :

Il a par sa valeur vingt provinces *conquises...*

et la douce saison

Que les tièdes zéphyrs ont l'herbe *rajeunie...*

Mais l'un de mes personnages — Mme Baramel — n'est point de cette opinion et j'entends M. Decalandre qui

murmure : — « Si nul de nous n'a péché
sur ce point... Un jour, il m'advint d'y
trébucher : je ne vous confierai point où ;
mais si l'on le découvre, je dirai que
c'était pour vous plaire... »

Mon excuse est bien faible, je l'avoue.
Mais pourquoi André Thérive, s'il
devait découvrir mon crime, n'a-t-il
point attendu que mon petit livre eût
vu le jour ? Vous me direz qu'il ne
pouvait deviner que j'en relisais les
épreuves au même moment qu'il lâchait
ma chèvre aux colonnes des *Nouvelles
Littéraires*, si je puis parler de la sorte.
Vous me direz aussi que je pourrais
peut-être entreprendre de corriger ma
faute... Que non point ! Thérive ne
vient-il pas de vous dire que cette faute
se trouve même dans le bon langage ?
Et puis, n'ai-je point quelque autre
raison ? Certes !

Vous rappelez-vous les vers de
Laurent Tailhade :

Camp du Drap d'Or et vous, lice guerrière
Des Beaumanoir et des Montgomery.

> Quelques héros, poursuivant la carrière,
> Ont, de nos jours, vos palmes refleuri.

Et non *refleuries*. Puis-je vous citer ce quatrain de Paul Valéry :

> Jamais une telle lueur
> Que ces étincelles d'été
> Sur un front semé de sueur
> N'avait la victoire fêté !

Et non *fêtée ;* et voulez-vous encore entendre La Fontaine :

> C'est la fille d'Amphitrite,
> C'est elle dont le mérite,
> Le nom, la gloire et les bords
> Sont dignes de ces provinces
> Qu'entre tous leurs plus grands trésors
> Ont toujours placé nos princes...

Et non *placées ;* et rappelez-vous ces misères, dont parle Cinna, — ces misères

> Que durant notre enfance ont enduré nos pères.

Ne les ont-ils donc pas *endurées ?*
Tailhade, Valéry, Corneille, La Fontaine... Vraiment, mon cher ami, que mon cœur a de peine ! Je veux encor pour vous faire un alexandrin ; un de

plus, s'il vous plaît, pour finir le quatrain...

C'est un bien beau problème, l'accord du participe ; et si Ronsard voulait me pardonner, je chanterais cette chanson :

Thérive, allons voir si la rose
Qui ce matin avait *déclos*...
Je dis déclos et non déclose.
Protestez-vous ? Des matelots
Nous vont mener aux vastes flots
Jusqu'au rivage de Délos...
Pour aller en cette île il est plusieurs navires ;
Les chemins sont plus ou moins longs ;
Mais c'est là qu'Apollon qui se plaît aux délires
Sait accorder les violons,
Les participes et les lyres.

15 Février 1927.

Achevé d'imprimer le 8 Mars 1927
sur les presses
de l'Imprimerie Alençonnaise
F. Grisard, administrateur
11, rue des Marcheries, 11
Alençon (Orne)

T. Derème

En rêvant

à

P.-J. Toulet

Rés. Z.
Le Masle
111